U0608150

• 经济管理学术文库 • 本书受北京市教育委员会社科计划面上项目(SM200910038003)资助

中国公司交叉上市的
资本成本效应研究

Cost of Capital Effect of Chinese
Cross−listed Firms

邹 颖／著

经济管理出版社
ECONOMY & MANAGEMENT PUBLISHING HOUSE

图书在版编目（CIP）数据

中国公司交叉上市的资本成本效应研究/邹颖著.
—北京：经济管理出版社，2010.12
ISBN 978-7-5096-1228-6

Ⅰ.①中…　Ⅱ.①邹…　Ⅲ.①上市公司—资本经
营—成本管理—研究—中国　Ⅳ.①F279.246

中国版本图书馆 CIP 数据核字（2010）第 245346 号

出版发行：**经济管理出版社**

北京市海淀区北蜂窝 8 号中雅大厦 11 层
电话：(010)51915602　　　邮编：100038

印刷：北京银祥印刷厂　　　　　　经销：新华书店

组稿编辑：张永美　　　　　　责任编辑：张永美
技术编辑：杨国强　　　　　　责任校对：陈　颖

720mm×1000mm/16　　　　　12.25 印张　　208 千字
2011 年 1 月第 1 版　　　　　2011 年 1 月第 1 次印刷

定价：38.00 元

书号：ISBN 978-7-5096-1228-6

序

20世纪90年代以来，公司财务理论的发展进入了一个新的历史时期；在这个新的发展时期，资本成本作为财务理论中的核心概念受到了人们的高度关注。基于资本成本所展开的大量研究正在极大地补充和完善现代财务理论的体系。

在一个企业的发展进程中，向外发行股票进行融资被称为"IPO（初次发行股票）决策"，是企业重要的财务决策之一。长期以来，人们对于IPO的动因、IPO的程序、IPO的影响等诸多方面都进行了深入而系统的分析。人们发现，对于一家私有企业而言，在股票市场上进行IPO，决策者们头脑中所想的绝非简单的融资问题。事实上，任何一家公司的IPO，往往与其公司股权结构的调整、IPO前投资者风险的规避甚至投资的退出等有着千丝万缕的联系，融资不过是为这些目标的实现创造了资金条件而已。仅仅由于缺少资金就去谋求企业的公开化和股票的上市交易，这在财务理论上尚难得到足够的支持，在实务上也少有企业这样做。企业一旦IPO，就由一家私企（包括我国的国有企业）变为公众持有公司。这家公司的董事会就要为千千万万个股东负责，为他们财富的最大化而努力工作。

对于一家私企而言，由于企业的所有者和管理者往往是一体的，因此在投资意愿和管理意愿方面极容易得到一致，甚至通常情况下就是一致的。在企业公开化之后，尤其是IPO之后，由于股东数量的大量增加，更由于经营和理财的复杂性成倍数的提高，使得管理上的理性要求越来越突出。在这个过程中，资本成本逐渐成为人们心目中一个绕不开的基础概念。

按照目前财务理论研究达到的深度，资本成本是投资者基于投资风险所提出的报酬率要求，是企业进行资本投资时最低的报酬率标准。企业只有拥有能够创造出超过资本成本水平的资本投资项目，也就是净现值大于 0 的资本投资项目，才能够通过生产经营活动创造足够的现金流量，进而实现股东所要求的报酬率，实现理财目标。而这也恰恰是公司获得长远可持续发展的财务基础。不了解资本成本，就不可能真正地了解投资者利益及其保护，也就不可能真正地了解公司理财。而资本成本估算，自然也就成为公司理财的技术起点；实现资本成本所设定的投资者报酬率最低水准，也同时成为公司治理优良、股东财富最大化目标实现的核心标志。

从公司可持续发展的角度讲，合理地降低资本成本水平被认为是一个合理的公司理财要求。这里的资本成本的降低，绝非简单意义上的压低投资项目评价时的最低报酬率标准，而应当是投资者基于对公司未来的发展、对公司风险程度的判断所做出的对未来收益索偿权的适当让步。在其他因素不变的情况下，资本成本的下降可以放宽对资本投资项目的选择，可以提高可持续发展的能力，可以增强企业的财务竞争力。这样，人们往往将资本成本的下降视为公司治理和公司理财成功的一个重要表现。在学术界，越来越多的学者正是基于这一逻辑展开了诸多领域的研究，比如股权结构与资本成本的研究，信息质量与资本成本的研究，等等。

从国际范围看，很多一流的跨国公司都不局限在一家股票交易所上市，而是在两家甚至多家交易所上市，这就是所谓的"交叉上市"。如果仅从财务的角度来看，交叉上市的基本财务效应就是资本成本的降低。许多学者的研究也证明了这一点。

如果世界各个国家、各个地区的股票市场都是可以自由流通的，没有任何阻隔，那么，交叉上市就没有任何意义。因为在一家股票市场上交易股票，就意味着在全世界交易股票。但众所周知，当今的各个国家、各个地区的股票市场之间存在着或大或小的分割，这种分割使得很多理财问题变得非常复杂。

一家公司为什么要在多家股票交易所进行交叉上市？是为了融资还是有其他原因？根据大量的研究，我国大型国企在国外，尤其是在美国的股票交易所上市的主要原因实是为了改善公司治理的状况，虽然融资也是一个很重要的诱因。经过多年的历练，很多在海外进行股权融资的公司逐渐回到国内进行交叉上市，比如工商银行、中石油、中石化等等。这些公司为什么要回到国内再上市，是为了融资还是为了治理的优化？从财务理论的角度讲，只有能够降低资本成本的时候，交叉上市才是有利的。那么，我国这些按照"先外后内"循序交叉上市的企业是否也降低了企业的资本成本水平呢？

与工业发达国家相比较，我国股票市场的发展历史较短，公司上市无论是IPO，还是交叉上市都处在一个初级的历史阶段。在这种情况下，我们应当以科学的方法和途径了解我国公司交叉上市所带来的诸多影响，尤其是对资本成本所带来的影响。在数据支持的情况下，如果验证了交叉上市（无论是先国内再国外的交叉上市，还是先国外再国内的交叉上市）行为可以降低（至少不提高）公司的资本成本，那么，这种交叉上市就获得了财务理论的学术支持。相反，如果交叉上市提高了资本成本，那么，这种情形所产生的原因，以及如何在资本成本提高的情况下提高交叉上市的财务意义就成为此领域必须面对的重大课题。

本书以我国公司交叉上市的有关数据为基础，研究了交叉上市的资本成本效应。这一研究可以加深我们对我国企业交叉上市行为的深入认识。

邹颖是我的博士生，同时也是我的同事和朋友。在多年的教学科研工作中，我们有过很多的合作，也分享了很多研究的快乐。本书正是她负责主持的2009年北京市教委社科计划研究项目的研究成果，同时也是她的博士论文。这一选题无疑加大了她研究的难度，因为，该课题的研究不仅仅需要在理念上进行"庖丁解牛"般的细致分析，而且需要进行大量的、必不可少的数据研究。经过近两年日日夜夜艰苦地奋斗，她按时完成了这一任务，顺利完成了学业。我想那一段专心于研究的日子，定会给她留下终生的回忆。

是为序。

汪 平

理财学教授、博士生导师

2010年11月11日于北京

目　录

第一章 引 言

第一节 研究意义与研究背景

一、研究意义

企业存在的价值是实现企业价值最大化。经济理性即"最大化行为"是新古典经济学最核心的理念。企业价值最大化是公司理财的目标,价值的提升是公司一切行为的基本出发点和决策的根本判断标准。

交叉上市是否能够导致公司价值的增长?长期以来,传统的观点一致认为,在伦敦、纽约等发达的证券交易所交叉上市的公司,可以增加公司价值。因此,自 20 世纪 70 年代以来,在世界各大证券交易所挂牌上市的公司中,来自境外的公司越来越多。根据世界交易所联合会(World Federation of Exchanges,WFE)统计,截至 2008 年底,伦敦证券交易所(LSE)的外国上市公司多达 681 家,占交易所上市公司的 22.0%,外国公司股票交易额达1.90 万亿美元,占交易所股票交易总额的 30.24%,海外上市公司的数目及其股票交易额占交易所股票交易总额的比重均居全球首位;美国纽约证券交易所(NYSE)的外国上市公司为 415 家,占交易所上市公司的 13.78%,海外上市公司的数目屈居全球第二；美国纳斯达克（NASDAQ）的外国上市公司数目虽然仅有 336 家，但外国公司股票交易额高达 3.35 万亿美元（占交易所股票交易总额的 9.19%），傲居世界第一。[①]

随着经济全球化的加剧，国际资本市场趋于一体化，市场流动性增强，投资者更加全球化。然而，近年来的一些事实表明，交叉上市这一提升公司价值的战略对于发达国家的公司似乎不起作用了！2007 年 5 月到 2008 年 5 月，随着从美国市场退市要求的逐步放松，包括法航、拜尔、英航、达能和菲亚特等家喻户晓的公司在内的 35 家欧洲大公司终止了在纽约证券交易所的交叉上市。[②] 在东京股票交易所里也有诸如波音和 BP 等著名企业最近撤销了交叉上市。这些举动代表一种现行趋势的加速发展：过去的 5 年里，发达国家的公司在纽约及伦敦主要资本市场的交叉上市的数量呈下降趋势，而新兴市场中的公司在那些全球著名的证券交易所中上市，却呈现稳步上升的态势。2008 年 11 月《麦肯锡季刊》的一份研究发现，在那些运作完善的全球化资本市场上的发达经济体中，公司交叉上市对于价值创造并未产生任何实质性贡献。[③]

1993 年 7 月 15 日，我国内地首家公司青岛啤酒赴港上市，从此拉开了中国公司海外上市的序幕，截至 2008 年 12 月 31 日，海外上市中国公司已达 738 家，筹资总额共计 1454.16 亿美元。[④] 与此同时，为了充分利用国际国内两种资源、两个市场，境外上市的中国公司积极谋求回国上市，实现境内外交叉上市。1993 年 8 月 27 日，青岛啤酒在上海证券交易所挂牌上市，成为首家境内外交叉上市的中国公司。截至 2008 年 12 月 31 日，在中国香港主板上市的 110 家 H 股公司中，已有 58 家公司（占 52.73%）先后回归 A 股市场，成功实现交叉上市。

---

① 根据 WFE 统计数据，2008 年以前，NYSE 是全球交易量最大的证券交易场所，2007 年股票交易总额达 29.91 万亿美元，占 WFE 统计的全球所有主要交易所 2007 年股票交易总额的 29.56%。自 2008 年开始，NASDAQ 股票交易总额首次超越 NYSE，成为全球最活跃的证券交易所。

② 2007 年 3 月以来，如果国外企业在美国股票交易所发生的交易量不足其股份全球交易量的 5%，则可以向美国证券交易委员会（SEC）申请退市。

③ Dobbs, Marc H. Goedhart. Why Cross-Listing Shares doesn't Create Value. The McKinsey Quarterly, 2008, Number 29: 18-23.

④ 以上数据由作者根据中华网和清科研究中心数据总结得出。

　　然而，我们可以深切地感受到，我国关于交叉上市的理论研究与实证检验不仅明显滞后于国外，而且明显滞后于我国公司交叉上市蓬勃发展的现实。中国公司的交叉上市有其独特的历史背景，由于当初内地资本市场规模小、境外资本市场存在操作便利等一些特殊原因，"先外后内"成为我国公司交叉上市的最大特征。在这一背景下，我国学者在借鉴国外研究成果的同时，应当结合我国的实际情况，深入探讨中国这一新兴市场中的公司，能否通过交叉上市为股东创造实质性价值，实现公司价值的有效提升？这成为我国交叉上市理论研究的一个至关重要的问题。

　　企业价值最大化是指在货币的时间价值和风险与报酬的基本观念下，在保证企业长期稳定发展的基础上，使得企业总价值达到最大。根据公司财务理论，企业总价值 V 等于债券市值 D 与股票市值 E 之和，即 V = D + E。交叉上市作为一种纯粹的融资方式，对企业价值的影响集中表现在对 E 的影响上，也就是说，交叉上市公司价值取决于股权现金流按照权益资本成本贴现的累计现值。国外文献研读表明，交叉上市会导致公司股权结构的调整，对公司价值的作用机制集中表现为资本成本效应，即交叉上市通过不同的路径影响公司权益资本成本，并最终影响公司价值。因此，降低资本成本成为公司通过交叉上市来提升价值的首要且唯一动机。

　　资本成本是投资者要求的必要报酬率，是现代财务理论中的"第一概念"，现代财务理论正是基于资本成本概念的一种理论架构。从财务理论研究的角度讲，科学地界定资本成本的概念，为资本成本的量化奠定了理论基础；从企业理财实践的角度讲，正确地理解资本成本的内涵为企业财务决策提供理性依据。然而，长期以来，在我国企业财务理论与实务界中，普遍存在漠视资本成本理念以及扭曲资本成本概念的现象，关于资本成本概念的诸多理论与实务问题至今尚未得到彻底澄清。随着我国企业财务理论与理财实践的日臻发展与完善，资本成本在企业理财活动中的重要价值日益凸显出来。本书正是基于我国交叉上市理论与实践研究的迫切要求、资本成本观念的科学界定以及其在企业财务决策中无可替代的重要作用进行构思，从理论研究和实践检验两个层面深入探讨中国公司交叉上市的资本成本效应。

效应①一词原指物理的或化学的作用所产生的效果，从经济学的角度解释，是指某一事物的量或质的变化而引起与之相联系的事物的量或质的变化。本书研究中国公司交叉上市的资本成本效应，就是深入探究在境内外交叉上市前后中国公司资本成本变化的过程与结果。在我国日益融入全球经济及企业融资体制改革不断深化的今天，本书既实现了理论上的重大突破，又具有重要的现实意义。

本书的理论意义在于：

（1）中国的资本市场是一个年轻的新兴市场，虽然近几年的快速发展已经使其占据了新兴市场龙头的地位，但是，不可否认，在市场规模、融资范围、市场监管等方面，中国的股票市场与国际发达的股票市场差距较大。具有多层次性融资结构的国际资本市场犹如一块巨大的磁铁吸引着中国公司。因此，这一研究符合中国公司走向国际的发展大势。

（2）关于中国公司交叉上市的理论与实践，近年来已经发展成为一场波及中国理论界与企业界的大讨论。这场争论中显示了不同观念的对立与碰撞。其本质问题在于交叉上市对公司价值增长的影响问题，从公司理财学角度剖析，即资本成本效应问题。本书对于资本成本观念在公司上市决策中核心地位的科学界定与应用具有理论价值。

（3）股权资本成本的估算是公司融资决策的核心，交叉上市资本成本的估算是国内外学者研究的难点。本书将国际股权资本成本的计量模型应用于中国公司实践，对于推动中国公司理财学的发展具有理论意义。

（4）通过对国际资本市场的深入研究，客观衡量我国资本市场与国际资本市场在股票流动性、投资者认知、投资者保护等方面的差距，在一定意义上填补了这些因素对中国公司交叉上市资本成本影响理论研究的空白。

本书的实践意义在于：

（1）交叉上市是世界各国公司拓宽融资渠道、提高国际竞争力的共同选择。通过交叉上市资本成本效应的研究，确立了资本成本在公司交叉上市决

---

① 值得一提的是，效应与效用是完全不同的两个概念，效用是指效力与作用；效应是突出变化的结果。

策中的核心地位，通过对国际资本成本的科学计量，为准备境外上市的中国公司以及准备回归 A 股的境外上市公司提供科学的技术指导与支持。

（2）为了突破当今中国公司的融资"瓶颈"，需要对国际资本市场与我国资本市场进行清晰把握与准确定位。资本市场的研究涉及本书若干主要层面，主要包括市场分割状况、股权流动性、投资者认知、投资者保护等方面，对交叉上市公司资本成本均产生重要影响。本书通过对这些要素的客观衡量，探究它们对中国公司交叉上市资本成本的影响程度，对于进一步推动与完善中国资本市场的理性发展有借鉴意义。

二、研究背景与国内外研究概况

在国际范围内，公司交叉上市的浪潮发源于 20 世纪 70 年代，西方学者自此开始对交叉上市问题进行大量深入研究，涉及范围非常广泛，成果颇丰。他们一致认为交叉上市的资本成本效应是从公司理财角度研究交叉上市的核心领域，因此相关的研究由来已久。近 10 年来西方学者对交叉上市问题进行了探索性的理论研究与实践检验，一般认为不发达国家的公司赴发达资本市场交叉上市可以降低资本成本。这方面的研究多是美国学者以在美国交叉上市的外国公司为样本进行的检验。然而，国际资本成本的计量一直就是公司理财学的难点之一，将交叉上市对公司权益资本成本的影响进行定量研究成为困扰交叉上市研究的一大难题。进入 21 世纪，各国学者仍在不懈地进行探索，但至今尚未找到一个能够为人们普遍认同的计量模型。准确地计量交叉上市资本成本的不同及其变化是十分困难的（Hail 和 Leuz，2009），[①] 资本成本与估值效应成为交叉上市尚未探明的重要因素（Karolyi，2006）。[②]

2006 年以来，随着大量海外上市的中国公司陆续回归 A 股市场并实现交叉上市，我国学术界和企业界开始对此给予积极的关注，对中国公司是否应该交叉上市进行了一场旷日持久的大辩论，研究的重点逐渐转向交叉上市的

---

① Luzi Hail, Christian Leuz. Cost of Capital Effects and Changes in Growth Expectations around U.S. Cross-Listings. Journal of Financial Economics, 2009, 93（3）：428-454.

② G. Andrew Karolyi. The World of Cross-Listings and Cross-Listings of the World: Challenging Conventional Wisdom. Review of Finance, 2006, 10（1）：99-152.

财务领域。但是，从目前对我国公司交叉上市研究的探索性调查以及收集和分析大量的相关文献资料来看，我国学者对交叉上市的理论研究明显滞后，多以定性解释与宏观现象的描述为主，结合交叉上市实践进行缜密的理论分析和定量的实证研究亟待深入，且在交叉上市的资本成本效应与公司价值方面尚未开展系统性的深入研究。

第二节　研究范畴与基本概念界定

19 世纪末 20 世纪初法国著名哲学家柏格森（Henri Bergson）认为，人类之所以需要概念，是因为它为我们节省了体验事物的时间。[①] 我国的辞海是这样对"概念"定义的："概念是反映对象的本质属性的思维形式。人们通过实践，从对象的许多属性中，撇开非本质属性，抽出本质属性概括而成。"[②] 为了研究方便，在此先对本书的研究范畴——交叉上市的概念加以界定。

交叉上市（Cross Listing）是指同一家公司在两个或两个以上证券交易所上市的行为。通常意义上的交叉上市是指境内外交叉上市，即同一家公司在两个不同国家上市的情形，既在境内证券市场上市，又在境外证券市场上市。按照公司股票在境内外市场上市顺序的不同，境内外交叉上市包括三种情形：①先在境内证券市场上市后又在境外证券市场上市（以下简称"先内后外"型交叉上市），这是世界各国绝大多数公司主要采取的交叉上市方式；②先在境外证券市场上市后又在境内证券市场上市（以下简称"先外后内"型交叉上市），我国公司通常采用这种上市顺序，这一现象在加拿大、以色列等国公司中也尤为普遍（Sarkissian 和 Schill，2009）；[③] ③在境内外证券市场同时上

---

① Henri Bergson. Time and Free Will : An Essay on the Immediate Data of Consciousness. Publisher: London, S. Sonnenschein & co., lim.; New York, The Macmillan co., 1910.

② 辞海.上海：上海辞书出版社，1979：1319.

③ Sergei Sarkissian, Michael J. Schill. Are there Permanent Valuation Gains to Overseas Listing? Review of Financial Studies, 2009, 22（1）：371–412.

市。境内外交叉上市是交叉上市的一种常见形式，本书后面所指交叉上市均系境内外交叉上市。

在国内外相关的文献中，有些学者使用双重上市（Dual Listing）这一术语，也指一家公司在两个或者两个以上的证券交易所上市的行为，与交叉上市概念并无本质区别。按照交易所地点不同，双重上市可以分为国内双重上市和国际双重上市。国内双重上市（Intranational Dual Listing）是指企业在本国多个交易所发行股票。目前西方学者对国内双重上市的研究主要是以美国企业为样本探讨其在美国证券市场上的双重上市行为。而国际双重上市（International Dual Listing）是指企业不仅在母国交易所发行股票，而且还在他国交易所上市。① 国际双重上市即指境内外交叉上市。

境外上市（Listing Abroad），又称海外上市（Overseas Listing），是一个更为宽泛的概念，目前在理论界尚没有一个严格的学术定义。根据1994年颁布的《国务院关于股份有限公司境外募集股份及上市的特别规定》的第二条指出，所谓境外上市，是指股份有限公司向境外投资人发行的股票，在境外开立的证券交易场所流通转让。境外上市有广义和狭义之分，广义的境外上市是指国内企业利用自己的名义向境外投资人发行证券（包括债权和股权）进行融资，并且该证券在境外公开的证券交易场所流通转让。狭义的境外上市就是国内企业向境外投资者发行股权或附有股权性质的证券，在境外证券市场筹集股权资本，且该证券在境外公开的证券交易所流通转让，这是企业在国际资本市场融资的重要方式之一。

按照Karolyi（2006）② 的分类，截止到2003年底，在纽约证券交易所（NYSE）和纳斯达克（NASDAQ）上市的非美国公司中，二级和三级ADR上市数量从1990年底不足200家增加到2003年底超过500家；一级OTC上市数量在此期间有所降低，2003年底为400多家；自1990年4月启动的144 A规则下私募数量也大增，超过了450家；其余为普通股票，有的是以直接上

① 陈昀，王韬. 西方企业国际双重上市研究评介及其启示. 外国经济与管理，2006, 28（6）：42-48.

② G. Andrew Karolyi. The World of Cross-listings and Cross-Listings of the World: Challenging Conventional Wisdom. Review of Finance, 2006, 10（1）：99-152.

市的（主要是加拿大公司）形式，有的是纽约注册（"Guilder"）股票或是全球注册股票（GRS），2003年底达550家。这种分类是国际上常用的一种境外上市基本形式的划分。

当前中国公司境外上市可以划分为境外直接上市和境外间接上市两大类。

境外直接上市，是指依据中国法律在我国境内注册的公司不经过某种过渡方式，经批准直接以自己公司的名义申请到境外证券交易所发行股票（或其他衍生金融工具），并在境外证券交易场所挂牌上市交易。目前采取境外直接上市的，是经国务院证券监督管理委员会批准的境外上市企业，境外上市地点仅限于中国香港、纽约、伦敦和新加坡等与中国证监会签订了监管合作备忘录的国家和地区的证券交易所。通常，境外直接上市都是采取IPO（Initial Public Offering）方式进行的，它为国外投资者了解本国公司提供了平台，凭借挂牌交易的契机，以大量新闻媒体将国内公司报道出去。但由于不同国家政治、经济、文化等方面因素的影响，首次公开发行往往存在一些困难。

境外间接上市，是指我国境内企业的股东或者实际控制人在境外注册特殊目的公司，收购境内企业或其关联企业的股权或资产权益，以特殊目的公司为发行主体于境外发行股票并在境外证券交易场所交易。[1] 目前我国公司境外间接上市主要采用买壳上市、造壳上市和存托凭证上市三种形式。买壳上市，是指公司通过交换股票等手段收购另一家已在境外证券市场挂牌上市公司的部分或全部股权，来取得上市地位，然后利用反向收购的方式注入自己的资产和有关业务，利用目标"壳"公司的法律上市地位并通过合法的公司变更手续，实现公司境外上市的目的。买壳上市避开了繁杂的上市审批程序，手续简便而快捷。造壳上市，是指我国希望到境外上市的公司先在境外注册一家控股公司，对国内公司进行控股，并由控股公司在境外证券市场上市，将所筹资金投资于国内企业，从而使得国内公司通过境外"壳公司"进行融资，达到在境外间接上市的目的。存托凭证（Depository Receipt）是一种以证书形式发行的可以流通转让的证券。一般是由美国银行发行的，代表一个或

---

[1] 黄雄. 证券"打非"新动向——警惕境外上市陷阱. 上海证券报，2008年1月28日.

多个存放于原发行国托管银行的非美国发行人股权份额的可转让证书。按其发行范围可分为：向美国投资者发行的美国存托凭证（American Depository Receipts，ADR）和向全球投资者发行的全球存托凭证（Global Depository Receipts，GDR）。ADR 是代表美国投资者对非美国公司、政府或美国公司的境外附属公司发行证券的所有权证书，可以为非参与型 ADR 和参与型 ADR。参与型 ADR 包括第一级 ADR（OTC 交易）、第二级 ADR（挂牌上市）、第三级 ADR（公开发行）、RADR（144 A 规则下私募）及 GDR（全球交易）。ADR 以美元定价、报价及清算交割，在美国股票市场上进行交易。从投资者角度看，购买外国公司股票的美国投资者不便将该股票在国内股票市场上流通，ADR 为他们投资非美国公司股票提供了便利；从筹资者角度看，ADR 具有发行成本低、流动性强、投资方便、安全性高等特点，因而自 1993 年 8 月上海石化采用 ADR 方式在美国上市并成为我国第一家在美上市的企业以来，ADR 迅速成为中国企业在美国市场融资的重要方式。

第三节 本书的研究架构

本书主要目的在于研究交叉上市对中国公司能否降低资本成本，提升公司价值。因此，必须以资本成本理论为基础，分析中国公司交叉上市是否存在资本成本降低效应，并通过实证检验分析影响这一效应的具体因素。在理论分析与实证研究结论的基础上，对未来这一领域的研究进行展望。本书的逻辑框架如下：

第二章从资本成本视角对公司交叉上市进行理论解析。传统观点认为，交叉上市可以增加公司价值，但其根源在不同时期的研究有所差异。因此，这一部分首先对交叉上市的理论动因进行概述，然后从市场分割假说、流动性假说、投资者认知假说和绑定假说四个方面对交叉上市的资本成本效应进行理论分析。

第三章是交叉上市的资本成本效应研究文献综述。综观国内外相关文献，这方面的研究主要从市场反应和股权资本成本的计量模型两个角度度量交叉上市的资本成本效应，其中股权资本成本模型计量是研究的重点和方向，因此这一部分主要回顾国际资本资产定价模型、Fama-French 三因素模型和预期资本成本模型在交叉上市资本成本计量方面的应用，并进行分析评述。

第四章是交叉上市的发展、现状与特征分析，概括介绍中国公司交叉上市的发展历程、发展背景，并分析总结出我国公司交叉上市具有四个基本特征。这些特征分析为我国公司交叉上市的资本成本效应分析提供了一些思路。

第五章构建了中国公司交叉上市资本成本效应研究的理论框架。资本成本是投资者要求的报酬率，是对未来风险与报酬的权衡。因此，交叉上市的资本成本计量应当基于国际的视角，采用国际资本资产定价模型（ICAPM）。由于境内外交叉上市公司不仅要承担国内市场风险，还要承担国际市场风险，因此本书构建两因素 ICAPM 作为中国公司交叉上市资本成本效应检验的理论模型。

第六章是中国公司交叉上市资本成本效应的实证检验。该章主要包括两部分，第一部分以 ICAPM 度量截至 2008 年底在中国内地、中国香港上市的中国公司交叉上市前后资本成本的变化，第二部分定量检验市场流动性、投资者认知和投资者保护三个因素对于这一资本成本变化的影响程度。

第七章是总结中国公司交叉上市资本成本效应研究结论，对全书工作进行总结，指出本书研究的不足与局限，并对未来的研究进行展望。

第四节　主要创新点

本书的创新点主要有：

（1）整合中国公司交叉上市的财务动因，从资本成本角度探求交叉上市对公司价值的影响。国外学者从不同的角度对交叉上市的资本成本效应进行过相关的研究，但这些研究是相互分割的，通过不同的指标分别定义市场分割程度、股权流动性程度、投资者认知水平以及公司治理水平等，然后考察它们对交叉上市公司资本成本的影响程度。本书试图从中把握其共性和规律，从资本成本角度整合中国公司交叉上市的动因，分析对公司价值的推动作用。

（2）近些年，国内已有极其少数的学者开始关注交叉上市的资本成本效应问题，但只是进行交叉上市公司与非交叉上市配对公司的资本成本比较研究。本书基于ICAPM经典模型，实现对中国公司交叉上市前后的资本成本进行定量和比较研究，这种以同一公司为研究对象、以交叉上市为事件、以交叉上市前后一段时期为事件窗口的资本成本比较研究在国内尚属首次，实现了理论与实践上的重大突破。

（3）密切追踪国外研究热点，但不局限于利用外国理论来解释我国现象或用我国数据来检验外国理论，紧密结合我国实际，为我国公司境外上市和境外上市的中国公司回归国内提供指导性建议。

第二章 公司交叉上市的理论分析：资本成本视角

第一节 概述

传统观点认为，交叉上市可以增加公司价值，但其根源在不同时期的研究有所差异。Baruch 等人（2007）[1] 指出，很多公司将在美国交叉上市视为提升公司价值的决策，但对于公司价值提升的源泉尚未达成共识。西方国家对交叉上市的理论研究主要集中于评价各个不同的上市动因假说。这些传统的动因包括：分散收益、信息利益、市场流动性的提高、信息披露、股东法律保护和税收环境。[2]

King 和 Mittoo（2007）[3] 指出，交叉上市的动因随时间变化而变化。在 20 世纪 80 年代，早期研究发现在美国交叉上市的动因有：进入更大的资本市场、增强权益融资能力、扩大股东基数、增强股票流动性、增加机构投资者的要求等。在 20 世纪 90 年代末所进行的一些研究中发现，管理者认为在美

---

① Shmuel Baruch, G. Andrew Karolyi, Michael L. Lemmon. Multimarket Trading and Liquidity: Theory and Evidence. The Journal of Finance，2007，62（5）：2169-2200.

② Sergei Sarkissian, Michael J. Schill. The Cost of Capital Effects of Overseas Listings：Market Sequencing and Selection. McGill University Working Paper, Canada, fisher.osu.edu, July 25, 2003.

③ Michael R. King, Usha R. Mittoo. What Companies Need to Know About International Cross-Listing? Journal of Applied Corporate Finance, 2007, 19（4）：10-24.

国上市是他们全球战略的一部分，随着他们在美国业务的增长，不可避免地需要在美国上市，支持在美国上市的因素包括在美国经营业务的增加、在美国销售的增加、美国庞大的顾客群体或战略合作者的出现以及在美主要购并计划等。外国管理者还将在美国上市视为公司对美国市场的承诺和一种相对便宜的公开化手段。与此同时，很少有投资者将提高股票流动性作为上市的一个主要益处。高科技与生物科技公司的主管人员认为在美国上市为他们提供了更多的权益分析信息，以便于他们与同行业先进水平进行对比，并为他们提供深入了解其行业的投资者。很多管理者认为遵守美国严格的信息披露标准，给予他们很好的地位，有助于他们获得美国和本国投资者的信任。

表 2.1　国外上市的收益与成本

	欧洲管理者	加拿大管理者
收　益	百分比（样本量=74）	百分比（样本量=63）
1. 提高声誉、威望与形象	57%	38%
2. 增加股东基数/外国投资者要求权	51%	56%
3. 增加获得外国资本/融资能力	38%	39%
4. 利于实施全球化战略	16%	8%
5. 增强股票业绩/股票流动性	11%	28%
6. 没有显著收益	12%	无
成　本	百分比（样本量=66）	百分比（样本量=62）
1. 公共关系成本/路演成本	52%	15%
2. 法律费用	38%	44%
3. SEC 报告/遵守 GAAP 等要求的成本	29%	60%
4. 上市费用	14%	32%
5. 报告/遵守外汇管理要求等成本	12%	无
6. 没有显著成本	11%	无
净收益	百分比（样本量=72）	百分比（样本量=72）
1. 收益显著超过成本	38%	42%
2. 收益刚好超过成本	22%	19%
3. 收益等于成本	11%	21%
4. 成本刚好超过收益	18%	10%
5. 成本显著超过收益	11%	8%

　　表 2.1 是对 20 世纪 90 年代后期欧洲管理者和 20 世纪 90 年代初加拿大管理者的一份调查对比，可以看出在很多方面存在不同。欧洲管理者将提高公司声誉与威望视为最重要的，而将提高流动性视为最不重要的，他们认为公共关系成本和法律费用是比遵守 SEC 报告要求更大的上市障碍，近 60%的欧洲管理者认为交叉上市的收益大于成本，29%的管理者认为成本大于收益；加拿大管理者将重点放在交叉上市可以扩大股东基数、获得更多的外国资本、提升公司形象以及提高股票流动性上，他们认为 SEC 报告费用、法律费用和上市费用是主要成本，总体看来，61%的加拿大管理者认为交叉上市的收益大于成本。

　　Errunza 和 Miller（2003）[1] 指出，在过去的 10 年中，国际资本市场逐渐趋于一体化，其中一个主要原因就是在境外市场交叉上市公司数目的激增。公司通过交叉上市减少市场分割和资本成本，增加投资者认知，增强流动性和对小股东的保护。King 和 Mittoo（2007）[2] 则进一步概括为从以下四个方面解释交叉上市可以增加公司价值：市场分割假说、流动性假说、投资者认知假说和绑定假说。实践中，这四种假说的结合越来越重要。本章从资本成本的视角，对公司交叉上市的这四个假说进行理论分析。

第二节　市场分割假说、交叉上市与资本成本

一、市场分割假说与交叉上市的资本成本

　　市场分割（Market Segmentation），最初来源于产品市场分割，即市场间的产品流通障碍和差异。市场分割是相对于市场一体化而言的，Jorion 和

---

① Vihang R. Errunza, Darius P. Miller. Valuation Effects of Seasoned Global Equity Offerings. Journal of Banking & Finance, 2003, 27: 1611–1623.
② Michael R. King, Usha R. Mittoo. What Companies Need to Know About International Cross-Listing? Journal of Applied Corporate Finance, 2007, 19 (4): 10–24.

Schwartz (1986)[①] 将市场一体化定义为投资者在不同国家市场中投资于相似的投资工具会取得相同的风险调整预期报酬的一种状态。现实中，由于市场间直接或间接壁垒造成相同资源的价格或经过风险调整后的收益在不同市场存在差异。随着国家间资本项目往来的不断增加，人们发现国际资本流动也会遭遇各种各样的障碍，从而导致了国家间资本市场的分割。市场分割运行阻碍了信息的有效传递，价格的信号机制混乱，不利于资本市场均衡价格的形成，影响了金融市场的资源配置效率。20世纪80年代以前，世界各国金融管制严格，资本流动的来源、去向、规模与速度等均受到很大限制，市场分割严重，证券市场的国际化水平不高。20世纪80年代以来，经济全球化极大地推动了国际金融资本一体化。世界上很多著名的证券市场对外国公司的上市要求逐渐放宽，这为各国企业到海外资本市场融资创造了条件，金融资本跨越国境进行融通，证券市场国际化进程加速，纽约证券交易所、伦敦证券交易所等世界著名的证券交易所中，来自境外的上市公司越来越多。

Stapleton 和 Subrahmanyam (1977)[②] 最早提出市场分割假说（Market Segmentation Hypothesis），也称为风险溢价假说（Risk Premium Hypothesis）。他们认为，市场的不完整性，即市场分割，主要来源于政策限制和投资者认识，前者主要指税收政策、外汇管制、资本流动限制、所有权限制等，后者是指信息障碍（源于财务报告质量、财务会计标准差异）对证券市场相关制度和语言等不熟悉。该假说认为，当存在国际投资壁垒时，国际资本市场是分割的，公司股票一般只被公司所在国的居民持有，由于风险不能得到有效分散，投资者会提高风险调整后的要求收益率，导致公司面临着较高的资本成本，而在国外市场上交叉上市可以消除投资壁垒和市场分割的负面效应，从而达到分散风险和降低资本成本的目的。

Stapleton 和 Subrahmanyam (1977) 以 8 个公司 20 个投资者为研究对象，将其平均分为两组，分别位于英国和美国。他们根据投资限制造成的市场分

---

① Philippe Jorion, Eduardo Schwartz. Integration vs. Segmentation in the Canadian Stock Market. Journal of Finance, 1986, 41 (3): 603–614.

② R. C. Stapleton, M. G. Subrahmanyam. Market Imperfections, Capital Market Equilibrium and Corporate Finance. Journal of Finance, 1977, 32: 307–319.

割程度的不同，划分为一种完全分割和三种部分分割类型。运用存在国际投资障碍条件下的单期国际资本资产定价模型（International CAPM，ICAPM）来研究不同市场的风险溢价。结果表明：在一个未能完全与国际资本市场实现一体化的国家，公司股票主要为国内投资者拥有，风险无法得到有效分散，导致投资者预期报酬（资本成本）较高。在国际资本市场完全分割的情况下，公司交叉上市后，能够消除国际投资的障碍，使外国投资者能以较小的代价获得其股票，并分担公司的风险。Stapleton 和 Subrahmanyam（1977）通过实证表明，交叉上市后股票价格比交叉上市前高 4.38 美元/股，股票预期回报率降低 6.4%（改变他们例子中的参数只会影响变化的大小，而不会影响结论的有效性）。也就是说交叉上市可以降低公司的资本成本。

二、市场分割假说的理论拓展

现实中，尽管资本市场全球化程度在不断提高，但世界各国资本市场发展程度不一，市场一体化并未真正实现，市场分割依然存在。西方国家关于检验市场分割对权益价格和公司资本成本影响方面的学术文献颇丰，例如 DeSantis，G. 和 S. Imrohoglu（1994），[1] Bekaert 和 Harvey（1995，1997），[2] Errunza 等人（1996）[3] 对新兴市场检验、Hietala（1989）[4] 对芬兰的检验、Stulz 和 Wasserfallen（1995）[5] 对瑞士的检验、Bailey 和 Jagtiani（1994）[6] 对泰国的检验，等等。

---

① DeSantis，G.，S. Imrohoglu. Stock Returns and Volatility in Emerging Markets. 1994，University of Southern California Working Paper.

② Bekaert，G.，C. Harvey. Time Varying World Market Integration. Journal of Finance，1995，50：403 – 444. Bekaert，G.，C. Harvey. Foreign Speculators and Emerging Equity Markets. 1997，Stanford University Working Paper.

③ Errunza，V.，K. Hogan，M. Hung. Characterizing World Market Integration Through Time. 1996，McGill University Working Paper.

④ Hietala，P. Asset Pricing in Partially Segmented Markets：Evidence from the Finnish Market. Journal of Finance，1989，44：697–715.

⑤ Stulz，R.，W. Wasserfallen. Foreign Equity Investment Restrictions and Shareholder Wealth Maximization. Review of Financial Studies，1995，8：1019–1058.

⑥ Bailey，W.，J. Jagtiani. Foreign Ownership Restrictions and Stock Prices in the Thai Market. Journal of Financial Economics，1994，36：57–87.

20 世纪 80 年代以来，以 Errunza 和 Losq（1985），[①] Alexander、Eun 和 Janakiramanan（1987）[②] 等为代表的西方学者建立市场分割状态下的均衡定价理论模型来解释交叉上市将导致更高的市场均衡价格和更低的要求报酬（资本成本）。在这些理论模型中，市场分割被定义为狭义的股票市场分割，是仅仅由股票的投资限制（Investment Barriers）或所有权限制（Ownership Restriction）以及股票市场间的地理差异所造成的分割状态。在资本市场分割研究之初，所有的理论经济模型都建立在投资限制造成的分割基础上。股票市场的投资限制有多种形式，但最主要有：①本国政府限制外国投资者进入本国资本市场；②限制本国投资者进入国外证券市场；③限制外国投资者持有本国企业证券的比例。此外还包括限制外国投资者将资本和红利输出国外的自由度，等等。

按照投资限制程度的不同，Errunza 和 Losq（1985）最早完整地提出三种分割状态：完全分割（Completely Segmentation）、完全整合（Completely Integration）和介于中间状态的温和分割（Mild Segmentation）或部分分割（Partially Segmentation），其中，温和分割是一种更为现实的国际资本市场的分割状态。Errunza 和 Losq（1985）首先提出一条关于市场温和分割的重要假设——投资者划分为限制性投资者（Restricted Investors）和非限制性投资者（Unrestricted Investors）。为了便于说明，假设一个两国资本市场——1、2 两国之间存在不对称投资限制，2 国投资者（非限制性投资者）可以投资 1 国的股票且没有持股限制，但 1 国投资者（限制性投资者）由于该国政府限制，不允许投资 2 国的股票。在这种温和分割的市场状态下，2 国投资者相对于 1 国投资者拥有更大的选择权（可以同时持有 1、2 两国的证券），1 国投资者不能进行跨境投资 2 国股票而无法有效分散投资风险，因此对相同的股票，1 国投资者要求的投资报酬率一定会高于 2 国投资者要求的投资报酬率，其差额为 1 国投资者不能全球化分散投资风险的补偿，即超额风险溢酬（Super

---

① Vihang Errunza, Etienne Losq. International Asset Pricing under Mild Segmentation: Theory and Test. The Journal of Finance, 1985, 40（1）: 105–124.

② Gordon J. Alexander, Cheol S. Eun, S. Janakiramanan. Asset Pricing and Dual Listing on Foreign Capital Markets: A Note. The Journal of Finance, 1987, 42（1）: 151–158.

Risk Premium）。当 2 国公司在 1 国市场交叉上市后，投资限制在一定程度上消除，市场分割程度逐渐弥合，1 国投资者可以通过投资于交叉上市的 2 国股票来分散投资组合风险，超额风险溢酬减少甚至消失，1 国投资者要求的报酬率下降，公司资本成本也随之下降。Errunza 和 Losq（1985）随机选取在美国市场交易量比较大的 9 个欠发达国家的证券，取得样本公司 1976~1980 年间市场与证券的月总收益数据，验证了他们的温和分割市场假设。

Alexander、Eun 和 Janakiramanan（1987）继承了 Stapleton 和 Subrahmanyam（1977）的研究成果，建立"完全市场分割"状态下均衡定价模型分析交叉上市对预期报酬的影响。他们假定世界上只有本国和外国两个国家，由于政府的限制，本国市场和外国市场是完全分割的，有一家国内公司的股票能够到国外市场交叉上市，但国外股票不能在本国市场上市，国内居民不允许投资国外股票。资本市场整合的初始阶段，在一国相对资本匮乏或国内资本市场相对欠发达的状态下，只允许少数国内证券（或国内证券基金）在外国资本市场上市。按照 CAPM，交叉上市之前，股票的预期报酬取决于该股票收益与国内市场投资组合的协方差；交叉上市之后，由于国内投资者和国外投资者均可以持有该股票，股票的预期报酬则由该股票收益与国内外市场投资组合的协方差决定。投资者要求的报酬发生的变化取决于国内外投资者风险厌恶程度、两国家市场资本化程度以及交叉上市股票与国内外市场投资组合的协方差。假设前两项是相同的，由于交叉上市公司通常与国内市场联系更密切，交叉上市股票与国内市场投资组合的协方差要大于其与国外投资组合的协方差。交叉上市使得国内外投资者共同承担风险，在国内外投资者具有相同风险偏好的情况下，交叉上市股票与国内外市场组合的协方差要小于其与国内市场组合的协方差，因此，交叉上市后股票的预期报酬率（资本成本）下降。

三、市场分割假说的检验

上述理论模型从市场分割角度为交叉上市削弱市场分割从而降低资本成本提供了坚实的理论依据。现实中，市场分割程度很难通过定量指标加以衡量，市场分割假说检验的难度很大。

Karolyi (1998)[①] 指出，在国际融资过程中，投资障碍是影响公司资本成本的重要因素。投资障碍导致海外市场上股票资本成本风险溢价升高，而投资障碍的消除导致了资本成本的降低和股票价格的非正常上涨。西方学者的大量研究发现交叉上市导致非正常的股票价格效应。按照传统的观点，股票价格的市场反应与股权资本成本的变化相关，甚至认为二者是相同的。

美国具有全世界最发达的资本市场，在美国上市是世界上很多大公司的理想。大部分学者认为，在美国交叉上市分散了系统性风险，股票价格的市场反应积极，公司资本成本降低。加拿大与美国地理位置相邻，同为发达国家，资本市场有诸多相近之处，加拿大是美国市场上交叉上市公司最多的国家，Alexander、Eun 和 Janakiramanan (1988)，[②] Mittoo (1992)，[③] Foerster 和 Karolyi (1993)，[④] Doukas 和 Switzer (2000)[⑤] 等人均发现加拿大公司在美国交叉上市后股价上升，资本成本降低，证实了两国市场分割。其中，Foerster 和 Karolyi (1993) 还发现上市地点会对超额报酬指标产生微弱影响。平均来看，市场对大的交易所反应更积极，也就是说，即使上市地点同在美国，在不同的交易所上市后的资本成本降低效应也是不同的。这一结论后来得到 Serra (1999)[⑥] 和 Miller (1999)[⑦] 等人的支持。此外，他们还进一步证实样本中资源类公司并没有体现出其他样本的股价效应，说明行业相关因素是决定市场整合程度的重要因素。美国存托凭证 (ADR) 是被美国投资者广泛接受的海

① G. Andrew Karolyi. Why do Companies List Shares Abroad？: A Survey of the Evidence and its Managerial Implications. Financial Markets, Institutions and Instruments, 1998, 7 (1): 1–60.

② Gordon J. Alexander, Cheol S. Eun, S. Janakiramanan. International Listings and Stock Returns: Some Empirical Evidence. The Journal of Financial and Quantitative Analysis, 1988, 23 (2): 135–151.

③ Mittoo, Usha. Additional Evidence on Integration in the Canadian Stock Market. Journal of Finance, 1992, 47 (5): 2035–2054.

④ Stephen R. Foerster, G. Andrew Karolyi. International Listing of Stocks: The Case of Canada and the U.S. Journal of International Business Studies, 1993, 24 (40): 763–784.

⑤ John Doukas, Lorne N. Switzer. Common Stock Returns and International Listing Announcements: Conditional Tests of the Mild Segmentation Hypothesis. Journal of Banking and Finance, 2000, 24 (3): 471–501.

⑥ Ana Paula Serra. Dual–Listings on International Exchanges: the Case of Emerging Markets' Stocks. European Financial Management, 1999, 5 (2): 165–202.

⑦ Darius P. Miller. The Market Reaction to International Cross–Listings: Evidence from Depositary Receipts. Journal of Financial Economics, 1999, 51 (1): 103–123.

外投资工具，几乎已经成为发展中国家企业海外融资的首选，Miller（1999）在这方面的研究可谓经典。他综合考虑了不同交易所（OTC，PORTAL，NASDAQ 或 NYSE）、不同的会计标准（外国会计准则或美国 GAAP）、不同地理位置（新兴市场或发达市场）以及不同权益融资方式（公开出售与不公开出售）等多种情况，结论概括为：①投资障碍（机制差异与地缘差异等多种类型的障碍）会导致股票价格产生明显不同的反应；[①]②来自新兴市场的公司相对来自发达市场的公司，交叉上市后非正常收益更高，这一结论暗示了新兴市场与美国市场的分割程度更严重；③流动性风险和投资者认知水平低等间接障碍会导致市场分割，但很少有结论证明所有权限制、税收等直接障碍会导致市场分割；④外国公司在美国资本市场上市会增加股东财富。这些结论均证实交叉上市减少投资障碍，为导致股票价格上涨、资本成本下降提供了经验支持。Foerster 和 Karolyi（2000）[②] 的结论可能对国际资本市场分割理论产生巨大的挑战。他们认为，衡量非美国公司在美国市场发行权益资本的长期报酬变化是计量公司全球资本成本效应的有效途径，研究表明长期报酬的差异与导致全球资本市场分割的投资障碍的范围与规模相关，并且直接和间接的市场障碍的消除对降低资本成本固然重要，但资本成本降低效应可能并不明显，甚至不一定是正的。全球化进程中的非市场因素，例如全球分散股东的公司治理问题等会对资本成本效应产生复合影响。这与 Stulz（1999）[③] 提出的全球化带来新的复杂代理问题和信息不对称问题会产生与消除投资障碍和提高流动性相反的负面效应相一致。

Karolyi（1998）[④] 指出，与非美国公司在美国交叉上市不同，当美国公司海外上市（在亚洲或欧洲交易所上市）时，由于海外投资者投资美国股票很少会受到投资障碍的阻挠，因此上市前和上市后的股票价格上涨的市场反应

---

① 这一结论与上述 Foerster 和 Karolyi（1993）的结论相符。

② Stephen R. Foerster, G. Andrew Karolyi. The Long-Run Performance of Global Equity Offerings. The Journal of Financial and Quantitative Analysis, 2000, 35 (4): 499-528.

③ René M. Stulz. Globalization of Equity Markets and the Cost of Capital. Journal of Applied Corporate Finance, 1999, 12 (3): 1-12.

④ G. Andrew Karolyi. Why do Companies List Shares Abroad?: A Survey of the Evidence and its Managerial Implications. Financial Markets, Institutions and Instruments, 1998, 7 (1): 1-60.

在美国公司中并未发现，为数不多的这方面研究都说明具有很弱或中性的市场反应。Howe 和 Kelm（1987），[①] Lee（1991）[②] 分别选取 1962~1985 年、1962~1986 年间在巴黎、巴塞尔、法兰克福和东京交易所上市的 165 家以及在多伦多、伦敦上市的 141 家美国公司为样本，说明交叉上市后非正常收益没有显著变化，证实交叉上市对减轻市场分割的积极作用并不明显，预期报酬（资本成本）并未降低。

Lee（1992）[③] 检验研究了 1962~1989 年 16 家在日本上市的英国公司和 9 家在英国上市的日本公司，发现两国公司在两国市场交叉上市的市场反应相反，但是统计上均不显著，股东财富（资本成本）没有明显变化。Lee 根据这个缺乏显著的长期估值效应的结论拒绝了市场分割假设。

上述通过交叉上市对股价变动产生的影响间接度量资本成本以验证市场分割假说的实证思路，在很长一段时间得到西方学术界的普遍认同。然而，一些学者对这种逻辑的合理性提出质疑，并探索利用股权资本成本的基本计量模型定量衡量交叉上市的资本成本效应，从而验证市场分割假说的正确性，但这方面的研究难度很大，至今进展缓慢。

Howe 和 Madura（1990）[④] 将重点放在交叉上市对普通股风险的影响上。他们以 68 家境外上市美国公司为样本，发现美国的 β 系数由 1.10 下降至 0.97，（除日本外）全球市场 β 系数上升，协方差上升并不明显，国际交叉上市并未引起明显的风险变化。他们认为国际市场已趋于一体化，交叉上市并非一种降低市场分割的有效手段。Karolyi（1998）[⑤] 的研究是一篇纯粹使用多因素风险模型定量衡量交叉上市的资本成本效应的经典文献。在他的 ICAPM

① John S. Howe, Kathryn Kelm. The Stock Price Impacts of Overseas Listings. Financial Management, 1987, 16 (3): 51–56.

② Insup Lee. The Impact of Overseas Listings on Shareholder Wealth: the Case of the London and Toronto Stock Exchanges. Journal of Business Finance and Accounting, 1991, 18: 583–592.

③ Insup Lee. Dual Listings and Shareholders' Wealth: Evidence from U.K. and Japanese Firms. Journal of Business Finance and Accounting, 1992, 19: 243–252.

④ John S. Howe, Jeff Madura. The Impact of International Listings on Risk Implications for Capital Market Integration. Journal of Banking and Finance, 1990, 14 (6): 1133–1142.

⑤ G. Andrew Karolyi. Why do Companies List Shares Abroad?: A Survey of the Evidence and its Managerial Implications. Financial Markets, Institutions and Instruments, 1998, 7 (1): 1–60.

模型中，股票的预期收益是国内市场风险、国际市场风险以及股票平均敏感度或对这些因素的β系数的函数。Karolyi（1998）的具体研究思路以及他利用 ICAPM 进行的交叉上市资本成本效应的后续研究，在本书第三章第二节中进行详尽阐述。

Foerster 和 Karolyi（1996）[1] 采用 1976~1992 年间来自欧洲、亚洲、加拿大和澳大利亚的 14 个国家的 161 家在美国上市或以 ADR 上市的公司为样本，除了采用股价变动衡量资本成本变化以外，还利用含有国内市场风险、国际市场风险、汇率风险等风险因素的 ICAPM 进行再次检验，依然得到相同的结论，以 α 系数进行衡量，交叉上市之前明显为正（平均每周 0.349%），交叉上市之后明显为负（平均每周 -0.190%）。这表明风险的转移导致交叉上市前后非正常盈余对预期报酬的变化十分显著。Errunza 和 Miller（2000）[2] 认为，虽然理论模型可以预测 ADR 的发行能够降低资本成本，但其经济效益很难以数量计量。于是，他们假设已实现收益作为预期收益的无偏估计，使用事后已实现收益替代事前预期均衡收益，利用 ICAPM 建立起在完全分割市场和部分分割市场分别引入 ADR 后的预期收益（资本成本）的模型，从 1985~1994 年的 32 个国家选取 126 家公司为样本，选取 ADR 宣告前后各 36 个月的实现收益验证资本成本，发现公告后购入并持有的超额收益年均降低 11.31%，资本成本从 26.8% 下降到 15.49%。这一结论支持市场分割假说，表明交叉上市降低风险溢价进而降低公司资本成本。

我国企业交叉上市只有 17 年发展历史，我国学者对于市场分割与交叉上市的资本成本效应鲜有研究。严格意义上讲，仅有沈红波（2007）[3] 在这方面进行了检验论证。他采用 Ohlson-Juettner 模型计算并分析了 AH 股和 A 股在资本成本上的差异，研究证实在国内市场与香港市场存在市场分割的情况下，

---

① Stephen R. Foerster, G. Andrew Karolyi. The Effects of Market Segmentation and Illiquidity on Asset Prices: Evidence from Foreign Stocks Listing in the U.S.. Dice Center for Research in Financial Economics Working Paper, No. 96-6, 1996, Available at SSRN: http://ssrn.com/abstract=1006.

② Vihang R. Errunza, Darius P. Miller. Market Segmentation and the Cost of Capital in International Equity Markets. Journal of Financial and Quantitative Analysis, 2000, 35 (4): 577-600.

③ 沈红波. 市场分割、跨境上市与预期资本成本——来自 Ohlson-Juettner 模型的经验证据. 金融研究，2007（2）：146-155.

公司通过交叉上市降低资本成本。

四、本节小结

市场分割假说认为，市场分割无法有效地分散风险，而交叉上市可以削弱甚至消除国际投资壁垒，分散公司风险，降低投资者预期报酬（资本成本）。现实中，随着时间的推移，全球资本市场整合与分割程度在不断地发生变化。在某一具体时间段内，市场分割程度很难定量描述，许多学者认为交叉上市公司的股票在分割市场上的价格、报酬、风险特征等是资本市场分割的直接体现，通过交叉上市导致资本成本降低这一结果可以间接证明市场分割假说的正确性。在这方面的研究目前已经达成几点共识：

（1）市场分割程度不同会导致交叉上市资本成本效应不同。市场分割越严重，交叉上市的资本成本效应越显著。一般而言，来自新兴市场的公司在发达市场交叉上市，股票预期报酬（资本成本）的降低幅度较大。

（2）上市地点影响交叉上市的资本成本效应。即使是同一公司在同一东道国的不同交易所上市，股票价格的市场反应也不同，资本成本的变化存在差异。相对而言，大的交易所反应更为强烈。

（3）市场分割程度随时间变化而变化，交叉上市的市场反应因不同时期、不同行业、不同融资方式有所差异，因而资本成本效应不同。

（4）市场分割是交叉上市的重要动因，但不是唯一动因。随着国际范围内的信息披露、公司治理等相关领域研究的深化，交叉上市的资本成本效应可以从多方面寻求理论证据。但是，不可否认的是，市场分割是交叉上市最传统、最重要的一种解释。

随着国际资本市场日新月异的变化，以及各国学者对于市场分割与交叉上市的资本成本效应研究的逐渐深入，市场分割假说日益受到挑战，同时，也为学术界关于这一问题指明了未来研究的方向。概括起来主要有以下几个方面：

（1）用交叉上市可以降低资本成本来证明市场分割的存在，这本身在实证逻辑上是不严谨的。正如 Karolyi（1998）[1] 指出，需要注意的是"原因与结果"的关系。他提出质疑，交叉上市后公司股权资本成本的降低是否一定是由于市场分割减轻引起的呢？是否能够将资本成本的降低与公司交叉上市决策联系在一起？很少有学者能够确认资本成本降低的真正经济因素。而 Stulz（1999）[2] 更是提出，即使是在整合的国际市场中，交叉上市依然具有资本成本降低效应。这一结论显然是对市场分割假说的严峻挑战。

（2）从市场分割角度分析交叉上市的资本成本效应尚存在一定的不确定性。Foerster 和 Karolyi（1999）[3] 采用和 Foerster 和 Karolyi（1996）[4] 相同的研究方法，证实所得结果与市场分割假设一致，但他们同时提出两种可能的原因解释——投资者基数扩大和流动性增强。[5] Sarkissian 和 Schill（2004）[6] 的研究表明，各种相似的解释[7]也是交叉上市决策的重要因素。Doidge 等人（2004）[8] 和 Karolyi（2006）[9] 的一些研究对单纯用市场整合度来解释交叉上市提出了质疑。因此，市场分割[10]与交叉上市的资本成本之间的关系尚需进一步研究。

（3）在全球经济一体化和国际金融自由化逐渐加深的 21 世纪，市场分割

---

① G. Andrew Karolyi. Why do Companies List Shares Abroad?：A Survey of the Evidence and its Managerial Implications. Financial Markets, Institutions and Instruments, 1998, 7（1）: 1–60.

② René M. Stulz, Globalization of Equity Markets and the Cost of Capital. Journal of Applied Corporate Finance, 1999, 12（3）: 1–12.

③ Stephen R. Foerster, G. Andrew Karolyi. The Effects of Market Segmentation and Investor Recognition on Asset Prices：Evidence from Foreign Stocks Listing in the United States. The Journal of Finance, 1999, 54（3）: 981–1013.

④ Stephen R. Foerster, G. Andrew Karolyi. The Effects of Market Segmentation and Illiquidity on Asset Prices：Evidence from Foreign Stocks Listing in the U.S.. Dice Center for Research in Financial Economics Working Paper, No. 96–6, 1996, Available at SSRN: http: //ssrn.com/abstract=1006.

⑤ 这是解释交叉上市的另外两个理论假说：投资者认知假说和流动性假说，在本章随后的两节进行分析。

⑥ Sarkissian S. and M.J. Schill. The Overseas Listing Decision：New Evidence of Proximity Preference. Review of Financial Studies, 2004, 17（3）: 769–809.

⑦ 各种相似的解释除了本章分析的四个理论假说外，可以参考潘越. 中国公司双重上市行为研究. 北京：北京大学出版社，2007.

⑧ Doidge, Craig, G. Andrew Karolyi, René M. Stulz. Why are Foreign Firms Listed in the U.S. Worth More? Journal of Financial Economics, 2004, 71: 205–238.

⑨ G. Andrew Karolyi. The World of Cross–Listings and Cross–Listings of the World：Challenging Conventional Wisdom. Review of Finance, 2006, 10（1）: 99–152.

⑩ 市场分割/整合的研究是金融领域长期研究的一大热点与难点。

导致交叉上市与当今世界各国交叉上市的蓬勃发展似乎相悖。Sadeghi（2001）[①]提出，近年来金融市场的一体化以及机构投资者对海外股票购买热情应当减少交叉上市的潜在利益。但是随着市场整合程度的逐渐加深，在他所研究的澳大利亚样本公司中，有80%（120家公司中的96家）的公司于1986~2000年在新西兰交叉上市。这显然与市场分割导致交叉上市的理论假设不符。Errunza和Miller（2003）[②]指出，在过去的10年中，国际资本市场逐渐趋于整合，其中一个主要原因就是在境外市场交叉上市公司数目的激增。Karolyi（2006）[③]认为，随着投资障碍随时间而逐渐消失，公司交叉上市现象应当越来越少，但是我们看到的是交叉上市行为却呈现出相反的趋势。

（4）由于缺乏"市场分割"的定量指标，交叉上市是否真的能够降低以及在多大程度上降低市场分割程度都不能被证实。并且，事实上，理财学研究中权益资本成本的估算尚不确定，因此交叉上市的资本成本效应的研究结论也不确定。[④]市场环境的复杂性、公司特征的差异性以及研究中样本选取的一些特殊性等，均会对最终的研究结论产生一定的影响。

第三节　流动性假说、交叉上市与资本成本

一、流动性假说与交叉上市的资本成本

交叉上市可以提高股票流动性，流动性假说（Liquidity Hypothesis）是对

---

① Mehdi Sadeghi. Dual-Listing of Australian Shares on the New Zealand Stock Market. Paper Provided by Macquarie University, Department of Economics in its series Research Papers with Number 0104, Available at http：//www.econ.mq.edu.au/research/2001/4-2001_May01.pdf.

② Vihang R. Errunza, Darius P. Miller. Valuation Effects of Seasoned Global Equity Offerings. Journal of Banking & Finance, 2003, 27：1611-1623.

③ G. Andrew Karolyi. The World of Cross-Listings and Cross-Listings of the World：Challenging Conventional Wisdom. Review of Finance, 2006, 10（1）：99-152.

④ 关于境内外交叉上市是否能够降低资本成本，目前西方学术界尚未形成定论。详细内容在第三章中进行了综述。

公司交叉上市的另一理论解释。最早对这一假说进行系统的理论论述的是 Amihud 和 Mendelson（1986）。[①] 他们的研究表明，公司股票的流动性与股权资本成本存在相关性，流动性的提高可以降低流动性风险溢酬和投资者预期报酬，进而降低公司的股权资本成本，提升公司价值。买卖差价（Bid-Ask Spread）是衡量股票流动性的常用指标，Amihud 和 Mendelson（1986）建立了一个投资者具有不同的持有期限，而证券资产具有不同的买卖差价的定价模型，定量刻画出投资者要求报酬率与证券买卖差价之间存在正向的递增凹函数关系。他们认为，通过境内外交叉上市可以增强股票交易流动性，分散流动性风险，减少投资者预期报酬。也就是说，交叉上市可以降低公司资本成本。

二、流动性假说的理论拓展

最初对"流动性假说"进行理论验证的是 Kyle（1985）[②] 以及 Admati 和 Pfleiderer（1988）。[③] 他们认为市场交易的主要原因是信息不对称，因此将交易者划分为两种类型：知情交易者（Informed Trader）和不知情或流动性交易者（Liquidity Trader），前者根据私人信息进行交易，后者根据与证券未来价值无关的一些原因（例如满足流动性需要）进行交易。Pagano（1989）[④] 也从信息不对称角度出发，建立了风险厌恶投资者的两期模型，集中研究交易者对其他交易者行为的预期。其主要结论是当对交易所设计出一些特殊假设，比如相同的交易成本，每个市场相同的交易人数等，市场出现纳什均衡的"双刃"效应——两个市场都能够生存。Chowdhry 和 Nanda（CN，1991）[⑤] 扩展了 Kyle（1985）和 Admati 和 Pfleiderer（1988）的理论框架，建立起多重市场交易模型（Multimarket Trading Model），对交叉上市如何影响两个市场的流

---

① Yakov Amihud, Haim Mendelson. Asset Pricing and the Bid-Ask Spread. Journal of Financial Economics，1986，17（2）：223-249.

② Kyle, Albert S. Continuous Auctions and Insider Trading. Econometrica，1985，53：1315-1335.

③ Anat Admati, Paul Pfleiderer. A Theory of Intraday Patterns：and Price Variability. Review of Financial Studies，1988，1：3-40.

④ Marco Pagano. Trading and Asset Liquidity. Quarterly Journal of Economics，1989，104：255-274.

⑤ Bhagwan Chowdhry, Vikram Nanda. Multimarket Trading and Market Liquidity. Review of Financial Studies，1991，4：483-511.

动性进行了详尽解释。在 CN（1991）的均衡模型中，交易集中在两个市场中进行，除了一些非自由流动性交易者涉足流动性差的市场，且在两个不同交易所交易相同证券外，还假设市场中存在利用私人信息进行交易的知情交易者和根据自身需要进行交易的流动性交易者。在信息不对称并允许多重市场同时交易的条件下，流动性交易者由于没有内幕信息，只能根据交易成本在不同交易所间进行投资决策，于是交易成本成为交易所间竞争交易流（Order Flow）的决定因素，交易成本低的交易所会吸引大量流动性交易者进入，而知情交易者往往为了隐藏其真实交易意愿，追随流动性交易者进入该市场，然后通过私人信息获取利润最大化。这样，交易成本低的市场聚集的交易者数量增加，市场流动性自然提高，CN 将这种流动性自然聚集在某一市场定义为"赢者获得最多"（Winner Takes Most）均衡。竞争导致各个交易所纷纷采取措施改善交易环境，优化交易制度，降低交易成本，以吸引流动性交易者和知情交易者，从而促进市场流动性和整体质量的提高。Domowitz、Glen 和 Madhavan（DGM，1998）[①] 的模型提出交易者可以在母国市场或新的交叉上市的市场，按照两个市场上的买卖差价和不同信息的获取成本，以不同的执行成本交易。DGM（1998）认为，如果两个市场在报价中是完全透明的，交叉上市会因总体交易量增加、差价降低而减少波动性，两个市场中交易流竞争增强。他们的模型以增量信息获取成本来确保当地投资者在本地交易更加便宜，并最终总结认为 CN（1991）的"赢者获得最多"均衡将由两个市场间透明程度而复杂化。

　　Baruch 等人（2007）[②] 在 Kyle（1985）的框架上，以 Pagano（1989），CN（1991），DGM（1998）等模型为研究起点与基础，建立起多市场模型。但是 Baruch 等人（2007）的模型又与这些模型存在显著不同。例如，与 CN（1991）不同的原因在于：①为知情交易者和自由流动性交易者的交易决策建立模型；②模型中的交易所不是假设每个市场中存在小的流动性交易者，而

---

　　① Ian Domowitz, Jack Glen, Ananth Madhavan. International Cross–Listing and Order Flow Migration: Evidence from an Emerging Market. Journal of Finance, 1998, 53（6）: 2001-2027.

　　② Shmuel Baruch, G. Andrew Karolyi, Michael L. Lemmon. Multimarket Trading and Liquidity: Theory and Evidence. The Journal of Finance, 2007, 62（5）: 2169-2200.

是通过每个交易所中交易资产收益的联合分布来提供交叉上市资产的不同流动性。在他们的模型中，没有设计交易所，也没有跨市场交易量分布决定不同交易成本起中心作用的假设，而是交易场所的选择取决于交叉上市资产收益与同一市场上交易的其他资产收益的相关程度所内生的流动性。他们认为在多个市场同时存在的情况下，每个市场中的资产收益是相关的，竞争性做市商在对资产进行定价时，不仅要获取定价资产的交易流，而且要获取所交易市场中其他资产的交易流。事实上，在均衡状态下，两种资产收益的相关性越高，定价资产与另一资产的交易流的相关性越高，任一资产价格对其自身交易流的敏感性越低。这一结果使得流动性交易者可以选择交叉上市资产的交易场所：交叉上市资产与国内（母国）资产的收益相关性越高，国内资产交易流的可获信息性越强，从而提高流动性并使得知情交易者提高交叉上市资产在该交易所的交易比例。也就是说，市场交易量的多少和交叉上市资产与所交易的市场中其他资产的相关性成正比。

三、流动性假说的检验

（一）交叉上市的流动性效应分析

Mittoo（1992）[①] 在对境外上市公司的经理人所做的一份调查中发现，提高股票的流动性是公司境外上市的一个主要目的。与市场分割假说的检验方法不同，Karolyi（1998）[②] 曾经总结，大量研究是通过买卖差价（Ask-Bid Spread）的减少、交易量（Trading Volume）的增加、股东基数（Shareholder Base）的转移、24 小时内交易时间的延长来衡量交叉上市的流动性效应的。其中，买卖价差和交易量使用率最高。大量研究表明，平均而言，交叉上市导致股票总交易量增加，许多股票母国市场交易量也有所提高，母国市场股票买卖差价下降，充分表明交叉上市提高了股票的流动性，实践证明投资者十分看重股票流动性，在其他条件相同的情况下，流动性越大，资本成本越

---

① Usha R. Mittoo. Managerial Perceptions of the Net Benefits of Foreign Listing; Canadian Evidence. Journal of International Financial Management and Accounting，1992，4：40-62.

② G. Andrew Karolyi. Why do Companies List Shares Abroad？：A Survey of the Evidence and its Managerial Implications. Financial Markets，Institutions and Instruments，1998，7（1）：1-60.

低。交叉上市加速了市场间的竞争，股票流动性的增强程度主要取决于总交易量的提高幅度、境外市场赢得的交易量占总交易量的比重，以及在上市之前母国市场对外国投资者交易限制的程度（Karolyi，1998；[1] Foerster 和 Karolyi，1998[2]）。这方面的重要研究成果详见表 2.2。

表 2.2 交叉上市的流动性效应的实证检验

研究	样本	主要发现
Foerster 和 Karolyi (1993)[3]	49 只在美国上市的加拿大股票，1980~1991 年的日数据	交叉上市当月交易量骤涨 125%，在其后的 5 个月交易量依然保持高位
Tinic 和 West (1974)[4]	112 只在美国上市的加拿大股票，1971 年 11 月中 14 天的日数据	与仅在国内上市的公司相比，交叉上市公司平均买卖差价更低
Barclay 等人 (1990)[5]	在东京、纽约交叉上市 16 只美国股票和 17 只日本股票，1973~1989 年的日数据	母国交易量占总交易量的比重：在东京交易的美国股票为 0.17%，在纽约交易的日本股票为 8%；收益方差：在纽约上市的日本股票增加 28%，而在东京上市的美国股票不变
Noronha 等人 (1996)[6]	在伦敦和东京上市的 126 只美国股票，1983~1989 年的日数据	上市后 250 日的日加权平均差价不变，但买卖报价深度有实质上的增长
Foerster 和 Karolyi (1998)[7]	在美国上市的 52 只加拿大股票，1981~1990 年的日数据	上市后总交易量上升 29%，母国市场交易量平均上升 5%，母国市场日买卖差价降低，交易成本的降低集中在那些交叉上市后总的交易量（多伦多交易所与美国交易所交易量总和）转移到美国交易所的股票

---

① G. Andrew Karolyi. Why do Companies List Shares Abroad？: A Survey of the Evidence and its Managerial Implications. Financial Markets, Institutions & Instruments, February 1998, 7 (1): 1–60.

② Stephen R. Foerster, G. Andrew Karolyi. Multimarket Trading and Liquidity: A Transaction Data Analysis of Canada–U.S. Interlistings. Journal of International Financial Markets, Institutions and Money, 1998, 8 (3–4): 393–412.

③ Stephen R. Foerster, G. Andrew Karolyi. International Listing of Stocks: The Case of Canada and the U.S. Journal of International Business Studies, 1993, 24 (4): 763–784.

④ Seha M. Tinic, Richard R. West. Marketability of Common Stocks in Canada and the U.S.A.: A Comparison of Agent Versus Dealer Dominated Markets. The Journal of Finance, 1974, 29 (3): 729–746.

⑤ Barclay, M., R. Litzenberger, J. Warner. Private Information, Trading and Stock – return Variances. Review of Financial Studies, 1990, 3: 233–253.

⑥ G. Noronha, A. Sarin, S. Saudagaran. Testing for Liquidity Effects of International Dual Listings Using Intraday Data. Journal of Banking and Finance, 1996, 20 (6): 965–983.

⑦ Stephen R. Foerster, G. Andrew Karolyi. Multimarket Trading and Liquidty: A Transaction Data Analysis of Canada–U.S. Interlistings. Journal of Internatioanl Financial Markets, Institutions and Money, 1998, 8 (3–4): 393–412.

续表

研究	样本	主要发现
Werner 和 Kleidon (1996)[1]	在美国上市的 23 只英国股票，1991 年的日数据	在上午 9 点至 11 点的重叠期，母国（英国）市场差价下降，交易日其余时间美国市场差价持续走高
Smith 和 Sofianos (1997)[2]	来自 15 个发达市场和 11 个新兴市场的 128 只在美国上市的股票，1985~1996 年的月数据	总交易价值平均增长 42%，母国市场交易价值增长 24%，年换手率提高 24%，在美国上市后 6 个月比上市前 6 个月股票价格上涨 8%，在 NYSE 上市不是一个零和交易，而是母国市场和东道国市场的双赢
Hargis （1997)[3]	来自阿根廷、智利、巴西和墨西哥的 89 只在美国以 ADR 发行的股票，1990~1994 年的日数据	国内外市场交易量均增加，特别是有明显市场障碍的市场

　　以上研究均支持流动性假说。Mittoo （2003)[4] 研究证实交叉上市的流动性效应具有时间性。从短期来看，交叉上市取得强烈的市场业绩，但是通过长期绩效的分析，随着时间的推移，这种积极的价格与流动性效应逐渐减弱。而且，长短期绩效的决定因素明显不同，流动性和行业因素等多种因素共同决定估值效应，这些因素在同一期间以及不同时期会有所差异。

　　有些学者并不赞同流动性假说。Domowitz 等人 （1998)[5] 提出交叉上市的流动性效应是复杂的，它取决于母国市场和外国之间信息连接的质量，如果这种信息连接薄弱，交叉上市后母国市场流动性将降低，并进一步证实对外国投资者限制是影响交叉上市流动性效应的重要因素，没有外国所有权限制的股份波动性强、差价低，说明流动性效应显著，而有限制的股份流动性效

　　① Werner, I., A. Kleidon. U.S. and U.K. Trading of British Cross-Listed Stocks: An Intraday Analysis of Market Integration. Review of Financial Studies, 1996, 9: 619-664.

　　② Katherine Smith, George Sofianos. The Impact of an NYSE Listing on the Global Trading of Non-U. S. Stocks. 1997, Working Paper 97-02, NYSE.

　　③ Hargis, K. ADRs in Emerging Equity Markets: Market Integration or Fragmentation. University of South Carolina Working Paper, 1997.

　　④ Usha R. Mittoo. Globalization and the Value of U.S. Listing: Revisiting Canadian Evidence. Journal of Banking and Finance, 2003, 27 (9): 1629-1661.

　　⑤ Ian Domowitz, Jack Glen, Ananth Madhavan. International Cross-Listing and Order Flow Migration: Evidence from an Emerging Market. Journal of Finance, 1998, 53 (6): 2001-2027.

应则很弱。Bacidore（1996），[①] Porter 和 Weaver（1997），[②] Ahn 等人（1998）[③]则发现交叉上市后股票差价降低、报价深度有所降低，但总交易量很少变化，并且股票交易流并未发生市场间的转移，因此交叉上市对于股票流动性的影响是不确定的。Baruch 等人（2007）[④] 建立了一个新的多市场交易模型，用以解释在美国交易量占全球总交易量的不同，认为在美国交叉上市公司股票交易行为的一个主要特征就是在全球交易中美国所占份额的巨大差异。对于有些股票，某些月份中在美国交易只占全球交易的不足 5%，而对另一些股票，在美国交易却包含全球交易的 90%。因此，他们的观点是并非所有公司交叉上市都可以增强流动性。而 Korn（1997）[⑤] 早在 20 世纪就对在美国发行 ADR的 28 只墨西哥股票 1991~1996 年的日数据进行分析，发现国内交易量有小幅降低，美国市场份额在三个月内达到 50%~60%，同期平均差价由 47 个基点降至 34 个基点，最终得出交叉上市降低股票流动性的结论。

我国学者基于流动性假说对交叉上市的资本成本效应尚未开展系统而深入的研究。Guo 和 Tang（2006）[⑥] 对 29 家 A+H 交叉上市公司的资本成本和流动性进行了研究，认为大陆 A 股股东要求的收益率低于外国投资者，即境内外交叉上市导致资本成本上升，这一结论颠覆了传统交叉上市降低资本成本的结论。他们认为，在控制了 A 股和 H 股的需求弹性、信息不对称、国内投资者和外国投资者投机程度不同以及中国公司非流通股范围等因素后，A 股相对于 H 股的溢价是导致境外上市相对于境内上市资本成本上升、流动性下

① Jeffrey Michael Bacidore. The Impact of Decimalization on Market Quality: An Empirical Investigation of the Toronto Stock Exchange. Journal of Financial Intermediation, 1997, 6（2）: 92-120.

② David C. Porter, Daniel G. Weaver. Tick Size and Market Quality. Financial Management, 1997, 26（4）: 5-26.

③ Hee-Joon Ahn, Charles Q. Cao, Hyuk Choe. Decimalization and Competition among Stock Markets: Evidence from the Toronto Stock Exchange Cross-Listed Securities. Journal of Financial Markets, 1998, 1（1）: 51-87.

④ Shmuel Baruch, G. Andrew Karolyi, Michael L. Lemmon. Multimarket Trading and Liquidity: Theory and Evidence. The Journal of Finance, 2007, 62（5）: 2169-2200.

⑤ Korn, A. Mexican Securities on the NYSE: the Effect of NYSE-Listed Mexican ADRs on the Liquidity of their Underlying Shares. 1997, NYSE Working Paper.

⑥ Lin Guo, Liang Tang. Cost of Capital and Liquidity of Cross-Listed Chinese Companies. Accepted for Financial Management Association, 2006, Salt Lake City. Available at http://www.fma.org/SLC/Papers/CrossListing-GuoTang.pdf.

降的主要原因。

（二）交叉上市流动性效应的决定因素

西方学者进一步研究了交叉上市引起股票市场流动性变化的深层次因素。概括起来，主要有以下几个方面：

（1）国家因素：国家因素是指来自不同国家（或称不同市场）的上市公司在境外同一市场实现交叉上市后对股票市场流动性产生的影响。Pulatkonak 和 Sofianos（1999）[1] 发现国家特殊因素是导致不同国家的公司在 NYSE 交叉上市后股票交易量明显不同的主要原因。其中，与纽约时区的差距是最重要的因素，可以解释其 40% 的差异原因，其他国家特殊因素，例如是发达市场还是新兴市场以及获批率也造成在 NYSE 上市交易量的不同。非国家特殊因素对于在 NYSE 上市差异的解释相对很少。

（2）交易场所因素：在控制了国家特殊因素以后，即使来自同一国家不同交易所的上市公司，在境外相同市场交叉上市后交易量也会有很大差异。Mittoo（1997）[2] 研究了来自多伦多和温哥华两个证券交易所的加拿大公司在美国交易所交叉上市的交易量效应，结果显示，同为加拿大公司的两组样本却有本质的不同。来自多伦多交易所的股票在美国交叉上市后，交易量、股票换手率（Turnover）[3] 以及交易股票占流通在外股票的数量百分比几乎达到交叉上市前的双倍，且股票在多伦多交易所（母国市场）依然维持交叉上市前股票交易量水平。相反，来自温哥华交易所的股票在美国交叉上市后交易量只有微小增加，而换手率明显下跌，且股票在温哥华交易所（母国市场）失去大约一半的股票交易量。即使控制了公司特殊因素之后，母国市场依然成为影响交叉上市流动性效应横截面差异的国内因素。而交易成本与信息披

① Pulatkonak, Melek, George Sofianos. The Distribution of Global Trading in NYSE-Listed Non-U. S. Stocks. 1999, Working Paper 99-03, NYSE.

② Usha R. Mittoo. Cross-Country Listing and Trading Volume: Evidence from the Toronto and Vancouver Stock Exchanges. Journal of International Financial Management and Accounting, 1997, 8 (3): 147-174.

③ 一些实证研究以上市前后股票换手率作为流动性的衡量指标，股票换手率越高，市场流动性越强。例如，Foerster 和 Karolyi（2000）在研究全球股权发行的长期绩效过程中发现，非美国公司在美国市场招股以后的市场表现与该公司 ADR 市场的换手率相关，这说明美国市场较高的潜在流动性是影响公司长期市场绩效的重要因素。

露的差异不能解释两个交易所的这些结果。Baruch 等人（2007）[1] 提出，并非所有公司交叉上市都可以增强流动性，究其原因不只是一个简单的国家层面的因素，比如管理限制或者交易时间重叠的程度，因为即使是来自相同国家的股票在美国的交易量也会存在横截面差异。理解多个市场交易环境产生不同的原因对于所有交叉上市公司的财务经理是至关重要的，特别是对于那些在美国交易量小的公司，因为交易量的多少可能反映出上市公司在市场上的长期生存能力和追加筹措资金、扩大股东基数、提升公司形象与威望的潜能。

（3）公司因素：Sabherwal（2007）[2] 从公司自身特殊因素角度分析美国（东道国）市场交易量的决定因素，结论为：①在美国市场上股票交易量与美国市场上知情交易者和流动性交易者数量直接相关，知情交易者和流动性交易者越多，美国市场交易量越大。②与加拿大市场相比，美国市场交易量与美国市场买卖价差反向相关，与美国市场深度直接相关。买卖价差越小，市场深度越大，交易量越大。③相对于加拿大市场信息而言，美国市场交易量与股票价值对美国市场信息的相对敏感度直接相关，股票价值对美国信息的敏感度越大，则在美国的交易量越大。Sabherwal（2007）的结论具有重要的现实意义：①交叉上市公司应当尽可能多地获得证券分析师的关注，因为关注同一家公司的市场分析师数量决定了市场中知情机构的数量。这一点对于那些不易引起分析师关注的小公司尤为重要，因为美国市场交易量与相关分析师数量之间不是线性关系，相关分析师对美国市场交易量的边际效应随着分析师数量的增加而递减。也就是说，即使分析师数量有少量增加，也会使得在美国的市场交易量有较大幅度的增长。②在美国交叉上市要充分地对美国投资者传递相关信息，这种投资者关系行为（Investor Relations Activities, IR Activities）可以提升公司形象，并提高在美国的市场交易量。③维持一个买卖差价小、市场深度充足的流动性交易环境对提高交叉上市公司交易量是十分重要的。

---

① Shmuel Baruch, G. Andrew Karolyi, Michael L. Lemmon. Multimarket Trading and Liquidity: Theory and Evidence. The Journal of Finance, 2007, 62 (5): 2169–2200.

② Sanjiv Sabherwal. The U.S. Share of Trading in Cross-Listings: Evidence from Canadian Stocks. The Financial Review, 2007, 42 (1): 23– 51.

Halling 等人（2008）[①]综合上述国家因素和公司因素，多角度详细分析了交叉上市流动性的决定因素。他们认为：①对于那些地理位置靠近美国以及金融发展水平较低和内部交易保护较弱国家的公司来说，在美国上市后交易量增加明显；②对于来自发达国家的公司，如果公司规模小，波动性强且属于科技型公司，则在美国上市后交易量更大，这一点对于新兴国家的公司是不适用的；③来自发达市场的公司在美国交叉上市当年，母国国内市场换手率增加，并在此后保持更高，但对于新兴市场的公司则不同；④来自内部交易管理薄弱国家的公司在美国交叉上市后，国内交易量实际上是降低的。

四、本节小结

综上所述得到一个基本结论，到一个更加发达的市场实现交叉上市，可以提高股票流动性，降低资本成本。但是，交叉上市的流动性效应是复杂的，宏观与微观的多方面因素会影响交叉上市后股票的流动性，进而影响公司股权资本成本。因此，在国际资本市场逐步走向一体化的当今世界，定位于全球经营战略的公司纷纷在境外市场寻求新的资本，然而有融资需求的公司切不可盲目境外上市，只有选择具有流动性和高效性的成熟境外证券市场才能真正地降低资本成本，提升公司价值。

第四节　投资者认知假说、交叉上市与资本成本

一、投资者认知假说与交叉上市的资本成本

Merton（1987）[②]突破了传统 CAPM 中所有投资者具有相同信息的假设，

---

① Michael Halling, Marco Pagano, Otto Randl, Josef Zechner. Where is the Market? Evidence from Cross-Listings in the United States. Review of Financial Studies, 2008, 21 (2): 725-761.
② Robert C. Merton. A Simple Model of Capital Market Equilibrium with Incomplete Information. Journal of Finance, 1987, 42 (3): 483-510.

提出了不完全信息条件下的资本市场均衡模型，并形成了投资者认知假说（Investors Recognition Hypothesis）。他认为，由于市场分割导致的信息不对称，投资者对不同证券拥有不同的信息，他们只会投资那些自己熟悉的证券，因此公司特有风险不能被完全分散掉，应增加在资产定价模型中。在其他条件相同的情况下，如果某家公司能被更多的投资者所认知，则因信息不对称所产生的影子成本（Shadow Cost）会减少，公司特有风险得到有效的分散，从而导致投资者预期报酬率下降，公司的市场价值提高。因此他提出，投资者认知的提高会降低公司资本成本。

Merton 将"投资者认知"程度用投资者基数（Investor Base）的大小进行衡量，投资者基数（投资者数量）与公司权益资本成本负相关，扩大投资者基数可以降低公司权益资本成本。他提出增加投资者认知有两个途径：一是场外交易（OTC）的公司，可以通过到交易所正式上市发行股票来增加投资者数量；二是已公开上市的公司，赴国际发达的证券市场上市是增加投资者的认知程度、扩大投资者范围的一种有效途径。因此，交叉上市能吸引更多的国际投资者，投资者基数越大，投资者对公司的认知程度越高，公司权益资本成本就越低，公司价值就越高，这就是 Merton 的投资者认知假说的理论精髓。

二、投资者认知假说的检验

基于投资者认知假说，国外学者研究了交叉上市前后投资者认知的变化对资本成本产生的影响。[①] 衡量投资者认知程度的指标包括两类：一类是以股东人数，即 Merton 所指的投资者基数进行度量；另一类是以公司的知名度（Visibility），即关注公司股票的分析师人数和媒体报道频率（如公司在华尔

---

① 事实上，最初对投资者认知假说进行理论检验的是 Kadlec 和 McConnell（Gregory B. Kadlec, John J. McConnell. Investor Base, Cost of Capital, and New Listings on the NYSE. Journal of Applied Corporate Finance, 1995, 8（1）：59–64.）。他们根据 Merton（1987）的模型，利用影子成本的变化计量投资者认知的变动。但是由于他们检验的是 273 家美国 OTC 公司在 NYSE 首次挂牌交易时是如何引起股东人数增加，进而降低资本成本的，不属于本书交叉上市的资本成本效应研究范畴，故不在此进行分析。

街日报和金融时报等重要报刊上被报道的频率）进行度量。

（一）以股东人数衡量投资者认知

众多西方学者采用事件研究法研究交叉上市前后股票价格变动，并通过回归分析证实股票上市后取得的非正常收益与股东人数的增加是相关的，进而得出交叉上市可以增大股东基数，降低资本成本的结论，为投资者认知假说提供了经验支持。Kadlec 和 McConnell（1994），[1] Foerster 和 Karolyi（1996），[2] Miller（1999）[3] 等学者将对投资者认知假说的检验与对流动性假说的检验一同进行。他们均通过回归分析证实股票上市后取得的非正常收益与股东基数的增加以及买卖差价的减少是相关的，股东基数和流动性是资本成本降低和公司价值增长的源泉。

Foerster 和 Karolyi（1999）[4] 扩展论证了 Merton（1987）的投资者认知假说。他们以 1976~1992 年间来自 11 个国家的 153 家在美国交易所上市的非美国公司为研究样本，发现这些股票在上市前一年可以显著地获得 19% 的平均超额收益，上市周可再获得 1.2% 的平均超额收益，但是上市后一年超额收益显著下降，平均下降 14%，并且在可获得数据的 145 家公司平均水平来看，在册股东人数增加 28.8%。他们认为交叉上市如果能扩大股东基础，可以使公司的风险由更多的股东共同分担，从而降低公司的资本成本，提高公司创造价值。于是进一步使用双因素 ICAPM 对超额收益进行了风险调整，研究了交叉上市公司股票的市场风险，发现上市后国内 β 系数与国际 β 系数均有所下降，国内市场 β 系数相对于其母国市场指数显著下降，平均从 1.03 降至 0.74，但是其国际 β 系数相对于国际市场指数并没有显著变化。之后他们又

① Gregory B. Kadlec , John J. McConnell. The Effect of Market Segmentation and Illiquidity on Asset Prices：Evidence from Exchange Listings. The Journal of Finance, 1994, 49（2）：611-636.

② Stephen R. Foerster, G. Andrew Karolyi, The Effects of Market Segmentation and Illiquidity on Asset Prices：Evidence from Foreign Stocks Listing in the U.S.. Dice Center for Research in Financial Economics Working Paper, No. 96-6, 1996, Available at SSRN: http://ssrn.com/abstract=1006.

③ Darius P. Miller. The Market Reaction to International Cross-Listings：Evidence from Depositary Receipts. Journal of Financial Economics, 1999, 51（1）：103-123.

④ Stephen R. Foerster, G. Andrew Karolyi. The Effects of Market Segmentation and Investor Recognition on Asset Prices：Evidence from Foreign Stocks Listing in the United States. The Journal of Finance, 1999, 54（3）：981-1013.

对 β 系数的变化与股东基数的关系进行横截面回归分析,，发现国内与国际 β 系数的降低（股权资本成本降低）与股东基数的增加正相关。这一结论验证了投资者认知假说，证实股东基数的增加确实是资本成本降低的一个重要影响因素。特别值得说明的是，Foerster 和 Karolyi（1999）的突出贡献在于不仅全面而细致地检验了投资者认知假说，而且科学地区分了投资者认知假说和市场分割假说。他们认为这两个假说从不同的角度揭示了交叉上市可以分散投资风险，进而降低资本成本，但是投资者认知假说更进一步认识到，如果交叉上市并未引起外国投资者的关注，外国投资者对交叉上市的股票根本不予理睬，投资者基数并未扩大，这样的公司交叉上市后并不会减小风险报酬，交叉上市也就不具有资本成本降低效应。

国际性的大型证券交易所拥有众多实际投资者和潜在投资者，McConnell 等人（1996），[1] Foerster 和 Karolyi（1999），[2] Miller（1999）[3] 等均对交叉上市引起投资者认知的增加与上市地点的关系进行了检验。McConnell 等人（1996）提出，提高投资者认知度是驱使企业将股票交易地点从较小的证券交易所转向较大的证券交易所，是提升股票价格的因素之一。Foerster 和 Karolyi（1999）也发现非美国公司在美国交叉上市引起投资者认知的增加对上市地点是敏感的，且具有统计上的重要性意义。Miller（1999）在研究中将现金流障碍，即市场分割障碍，划分为直接障碍（如所有权限制、税收）和间接障碍（如投资者认知水平差异、流动性风险）。他发现，现金流障碍会导致股票价格产生明显不同的反应，在美国主要证券交易所（如 NYSE、NASDAQ）上市的公司非正常收益很大，而在 PORTAL 上市的公司非正常收益很小。这一发现支持了投资者认知水平低、流动性差等间接障碍会导致市场分割的结论，

① John J. McConnell, Heidi J. Dybevik, David Haushalter, Erik Lie. A Survey of Evidence on Domestic and International Stock Exchange Listings with Implications for Markets and Managers. Pacific-Basin Finance Journal, 1996, 4 (4): 347-376.

② Stephen R. Foerster, G. Andrew Karolyi. The Effects of Market Segmentation and Investor Recognition on Asset Prices: Evidence from Foreign Stocks Listing in the United States. The Journal of Finance, 1999, 54 (3): 981-1013.

③ Darius P. Miller. The Market Reaction to International Cross-Listings: Evidence from Depositary Receipts. Journal of Financial Economics, 1999, 51 (1): 103-123.

但却很少有结论可以证明直接障碍会导致市场分割。

进入 21 世纪，西方学者将研究的目光转移到交叉上市的股东基数构成分析。Fanto 和 Karmel（1997）[①] 认为非美国公司在美国交叉上市通常定位于美国投资者。而 Edison 和 Warnock（2004）[②] 进一步证实所有美国投资者对于来自新兴市场的、大型的交叉上市股票表现出强烈的兴趣，例如来自亚洲的新兴市场的公司，在美国上市后备受美国投资者青睐，公司规模与开放程度成为投资者选择公司的重要指标。在花旗银行的一份研究报告[③] 中指出，在美国交叉上市的股票中，机构投资者持有很大的比例。实际上，Utama 和 Cready（1997）[④] 早就已经分析了以机构持有的流通在外股份比例计量的所有权结构与盈余宣告日前后市场交易量的反应有正向联系。Stulz（1999）[⑤] 认为，国际性证券交易所拥有大量的潜在机构投资者，在这样的证券交易所交叉上市能吸引更多的机构投资者。Hotchkiss 和 Strickland（2003）[⑥] 进一步发现，对于不好的盈余信息宣告，市场的反应会随着机构所有权的增加而夸大。Bradshaw 等人（2004）[⑦] 的研究则从会计政策的选择方面证实 ADR 上市公司由于采取美国 GAAP 而吸引了更多的美国机构投资者的投资。

King 和 Segal（2006）[⑧] 对交叉上市引起的投资者认知水平变化的长期效

① Fanto, James A., Roberta S. Karmel. A Report on the Attitudes of Foreign Companies Regarding a U.S. Listing. Stanford Journal of Law, Business, and Finance, 1997, 3: 37–58.

② Hali J. Edison, Francis E. Warnock. U.S. Investors' Emerging Market Equity Portfolios: A Security–Level Analysis. Review of Economics and Statistics, 2004, 86（3）: 691–704.

③ Citibank Report（July 2001）by Michael Chafkin on "U.S. Investment in Non–U.S. Equities", available at http://wwss.citissb.com/adr/www/adr_info/chaf.pdf.

④ Utama, Siddharta, William M. Cready. Institutional Ownership, Differential Predisclosure Precision and Trading at Announcement Dates. Journal of Accounting and Economics, 1997, 24（2）: 129–150.

⑤ Stulz, R. M. Globalization, Corporate Finance, and the Cost of Capital. Journal of Applied Corporate Finance, 1999, 12: 8–25.

⑥ Hotchkiss, Edith S., Deon Strickland. Does Shareholder Composition Matter? Evidence from the Market Reaction to Corporate Earnings. Journal of Finance, 2003, 58（4）: 1469–1498.

⑦ Mark T. Bradshaw, Brian J. Bushee, Gregory S. Miller. Accounting Choice, Home Bias and U.S. Investment in Non–U.S. Firms. Journal of Accounting Research, 2004, 42（5）: 795–841.

⑧ Michael R. King, Dan Segal. The Long–Term Effects of Cross–Listing, Investor Recognition, and Ownership Structure on Valuation. Paper Provided by Bank of Canada in its Series Working Papers with Number 06–44, 2006, EFA 2007 Ljubljana Meetings Paper, Available at SSRN: http://ssrn.com/abstract=924585. Review of Financial Studies, RFS Advance Access Published Online on May 13, 2008, doi: 10.1093/rfs/hhn050.

应进行了深入研究，他们对在美国交叉上市的加拿大公司的估值进行了横截面检验和时间序列检验。与 Foerster 和 Karolyi（1999），[①] Baker 等人（2002）[②] 的结论一致，King 和 Segal（2006）发现交叉上市公司估值伴随着机构投资者持有数量和比例的增加而增加，他们通过面板回归检验了随着时间推移投资者认知对公司价值评估的影响，认为虽然美国股东基数的增加（投资者认知增加）是在美国交叉上市的加拿大公司价值提升的重要因素，但是这种效应是短暂的，而非永久的。即便是在美国上市后可以尽可能多地吸引美国机构投资者，公司上市后也会经历价值下降的过程，价值降至交叉上市三年前的水平。这一结论不仅适用于同一公司在美国交叉上市前后估值效应的比较，同样适用于控制了公司特征之后在美国交叉上市的公司与仅在国内市场上市的基准公司之间估值效应的比较。King 和 Segal（2006）的这一最新研究成果必将引发交叉上市公司决策者的深层次长远思考。

（二）以公司知名度衡量投资者认知

随着研究的逐步深入，越来越多的研究者从公司的知名度角度来衡量交叉上市引起投资者认知程度的变化。Baker 等人（2002）[③] 汲取了 Bailey 等人（1999）[④] 的研究思路，首次采用关注公司股票的分析师人数和媒体报道频率作为公司知名度衡量指标。他们指出，与股东人数指标相比较，公司知名度指标具有以下优势：①可以更好地解释投资者认知程度。因为投资者主要通过证券分析师的投资报告和报纸刊登的各种报道来获得公司相关信息并做出投资决策，关注某家公司的分析师越多，关于某家公司的新闻报道越多，投资者对该公司的了解程度越深，认知水平也就越高。而股东人数的变动有时会受到一些外在因素的干扰，比如出于协调开支或税收方面的考虑而购买股

① Stephen R. Foerster, G. Andrew Karolyi. The Effects of Market Segmentation and Investor Recognition on Asset Prices: Evidence from Foreign Stocks Listing in the United States. The Journal of Finance, 1999, 54（3）: 981-1013.

②③ H. Kent Baker, John R. Nofsinger, Daniel G. Weaver. International Cross-Listing and Visibility. The Journal of Financial and Quantitative Analysis, 2002, 37（3）: 495-521.

④ Bailey, W., Y. P. Chung, J. Kang. Foreign Ownership Restrictions and Equity Price Premiums: What Drives the Demand for Cross-Border Investments?. Journal of Financial and Quantitative Analysis, 1999, 34（4）: 489-511.

票，这种情况下的股东人数增加并不意味着投资者认知程度的提高。②可以从更多国家获取样本股票。由于国际证券市场上证券分析师对公司的关注与报纸等媒体对公司的报道是公开的，不受国界限制，研究时的样本选取范围可以更加广泛。③不受财政年度的限制，避免了一些时间性计量的偏差。股东人数指标一般只能从公司年报中获得，但公司年报往往是在公司会计年度终结后一段时间才予以公布，具有一定的时滞性，可能导致严重的滞后偏误，股东人数指标不能反映真实情况。而分析师人数和媒体报道次数指标则可有效避免这一问题，及时传递公司股票受投资者关注的程度情况。Baker 等人（2002）对比研究了纽约证券交易所（NYSE）和伦敦证券交易所（LSE）交叉上市情况，发现在两个市场交叉上市均可显著提升公司知名度，NYSE 上市的公司平均增加 128%的分析师人数，公司每年在《华尔街日报》和《金融时报》上被报道的频率分别增加 32%和 78%；LSE 上市的公司平均增加 48%的分析师人数，公司每年在《金融时报》上被报道的频率增加 49%，但每年在《华尔街日报》上被报道的频率却减少 9%，这表明在 NYSE 上市比在 LSE 上市具有更显著的知名度提高效应。Baker 等人（2002）采用 ICAPM 检验了交叉上市资本成本的降低效应，发现无论在 NYSE 还是在 LSE，交叉上市前周平均非正常收益均为负，交叉上市后周平均非正常收益均为正，表明交叉上市后资本成本降低。他们又对平均非正常收益进行回归分析，证实公司知名度的提高与资本成本的降低成正相关关系，从而进一步支持了 Merton（1987）的投资者认知假说。

　　Lang 等人（2003）[1]证实非美国公司在美国交叉上市增加了关注该公司的证券分析师人数，提高了分析师对公司预测的准确性，他们采用时间序列分析，发现分析师人数和预测准确性的变化发生在交叉上市前后期间，并且关注公司的分析师人数越多，预测的准确性越强，公司估价越高，资本成本越

① Mark H. Lang, Karl V. Lins, Darius P. Miller. ADRs, Analysts and Accuracy: Does Cross-Listing in the U.S. Improve a Firm's Information Environment and Increase Market Value? Journal of Accounting Research, 2003, 41 (2): 317–345.

低。Lang 等人（2004）[①] 进一步深入研究了所有权结构、分析师人数、投资者保护与公司估值之间的关系。考虑到关注公司的分析师人数与公司价值之间的潜在内生性，他们发现当分析师关注那些潜在的内部治理和国家层面的外部治理均很薄弱的公司时，公司具有积极的估值效应。也就是说，公司治理在分析师对公司的关注意愿中扮演重要角色，而关注公司的分析师人数的增加则可以提升公司价值，特别是那些面临治理问题的公司。Lang 等人（2004）的这一发现延伸了 Merton（1987）的投资者认知假说，对关注公司的分析师人数（公司知名度）、公司价值与公司治理三者的关系进行了深入剖析，进而证实对于那些来自中小投资者保护不力国家的公司以及存在家族或管理层控制的公司，境外上市可以显著地提升公司知名度，降低资本成本，提升公司价值。Bailey 等人（2006）[②] 的实证检验进一步验证了 Lang 等人（2003）[③] 的研究结论，发现当公司在美国上市后，关注该公司的证券分析师人数增加，分析师对公司盈余预测的准确性也有所提高，信息环境的改善导致信息获取成本降低，投资者之间的信息不对称程度降低，从而得出在美国上市可提高公司知名度，获得更多投资者认可，提升公司价值的结论。

Bushee 和 Miller（2005）[④] 发现投资者关系行为（Investor Relations Activities, IR activities）可以提升公司形象与知名度，吸引分析师、投资者、媒体的关注，增加交易量，并且机构投资者的所有权有实质性的持续增加。Sabherwal（2007）[⑤] 赞同这一观点，认为交叉上市公司在美国的投资者关系行为可以帮

---

① Mark H. Lang, Karl V. Lins, Darius P. Miller. Concentrated Control, Analyst Following and Valuation: Do Analysts Matter Most When Investors Are Protected Least? Journal of Accounting Research, 2004, 42 (3): 589 – 623.

② Warren Bailey, G. Andrew Karolyi, Carolina Salva. The Economic Consequences of Increased Disclosure: Evidence from International Cross-Listings. Journal of Financial Economics, 2006, 81 (1): 175–213.

③ Mark H. Lang, Karl V. Lins, Darius P. Miller. ADRs, Analysts and Accuracy: Does Cross-Listing in the U.S. Improve a Firm's Information Environment and Increase Market Value? Journal of Accounting Research, 2003, 41 (2): 317–345.

④ Brian J. Bushee, Gregory S. Miller. Investor Relations, Firm Visibility, and Investor Following. Working Paper, University of Pennsylvania and Harvard University, 2005, available at SSRN: http://ssrn.com/abstract=643223.

⑤ Sanjiv Sabherwal. The U.S. Share of Trading in Cross-Listings: Evidence from Canadian Stocks. The Financial Review, 2007, 42 (1): 23–51.

助公司提升在美国的市场交易量，而且在美国股票交易量与相关分析师数量之间存在非线性关系，随着相关分析师人数的增加，相关分析师人数对在美国股票交易量的边际效应下降。因此在美国，即使很少量的分析师人数变动即可对股票交易量产生实质性影响，吸引分析师的关注成为那些在美国交叉上市的不知名小公司提高交易量的有效措施。他对在美国交叉上市的公司提出两点忠告：一是要引起证券分析师的注意，使其关注该公司，这一点对于那些不易引起分析师关注的小公司尤为重要；二是要通过交叉上市充分地对美国投资者传递相关信息，这种投资者关系行为可以提升公司形象，增加公司知名度。[1]

三、本节小结

西方学者基于投资者认知假说对交叉上市资本成本效应进行了广泛而深入地研究，尽管采用不同指标对交叉上市前后投资者认知程度进行测量，但研究结论一致支持投资者认知假说。公司通过境内外交叉上市，扩大了投资者认知水平，从而有效地降低了资本成本，提升了公司价值。

Merton（1987）的投资者认知假说是在信息不对称的条件下提出的，在此基础上，基于信息不对称理论的发展以及国际资本市场上信息不完全与不对称的现实情况，西方学者对投资者认知假说的检验逐渐转向从信息角度对交叉上市的资本成本效应开展研究，Cantale（1996）[2] 的信号假说（Signalling Hypothesis）、Moel（1999）[3] 的信息披露假说（Information Disclosure Hypothesis）都是从信息环境改善的视角探讨交叉上市在降低信息不对称程度、减少投资者预期报酬率和增加公司价值方面的积极效应，目前这已经成为交叉上市的资本成本效应理论与实证研究的热点。[4]

---

[1] Sabherwal（2007）的详尽结论，请参见本章第三节中相关内容。

[2] Salvatore Cantale. The Choice of a Foreign Market as a Signal. 1996, Tulane University Working Paper.

[3] Alberto Moel. The Role of Information Disclosure on Stock Market Listing Decisions: The Case of Foreign Firms Listing in the U.S. Harvard Business School Working Paper, 1999.

[4] 本书在本章第一节中已经明确指出只对交叉上市的重要而经典的四个理论假说，即市场分割假说、流动性假说、投资者认知假说和绑定假说进行分析，至于交叉上市增加公司价值的其他一些假说，可参见潘越. 中国公司双重上市行为研究. 北京：北京大学出版社, 2007.

第五节 绑定假说、交叉上市与资本成本

一、绑定假说与交叉上市的资本成本

随着交叉上市资本成本效应研究的逐步深入，一些学者逐渐认识到传统的动因假说已经无法真正解释交叉上市中存在的某些复杂现象，例如，在资本市场一体化程度较高的两个国家依然存在交叉上市公司资本成本降低效应（如加拿大公司到美国上市）；在全球化水平日益提高、投资壁垒不断消失的当今世界，世界各国交叉上市的浪潮不减；等等。对于这些问题，绑定假说（Bonding Hypothesis）[①] 从公司治理角度提供了一种较为合理的理论解释。

20 世纪 90 年代末，法律与金融的研究逐渐兴起。1998 年，哈佛大学的 La Porta、Lopez-de-Silanes、Shleifer 和芝加哥大学的 Vishny 四位学者（以下简称 LLSV）发表了"法律与金融"（Law and Finance）这篇著名的论文，研究了法律制度对金融体系的影响，从法律起源于法系的角度解释不同国家间的差异，成为法律与金融理论研究的开端。自此学术界开始关注从公司治理角度来研究交叉上市的资本成本效应。LLSV（1997，1998）[②] 的研究发现，国家对投资者的法律保护在很大程度上影响着公司外部融资的难易程度。同一家公司，在投资者法律保护薄弱的国家，从外部融资的难度往往较大，而在投资者法律保护较好的国家融资难度会降低很多。这是由国家对中小投资者权益的法律保护制度决定的。在现代公司治理制度下，控股股东有从公司转移资源、谋取私利的行为可能性。如果市场对投资者的法律保护完善，控股

---

① 关于这里的 Bonding 一词，国内学者有不同的翻译，例如约束、捆绑等。本书认为翻译为绑定更为形象、生动。

② Rafael La Porta, Florencio Lopez-de-Silanes, Andrei Shleifer, Robert Vishny. Legal Determinants of External Finance. Journal of Finance, 1997, 52：1131-1150.

Rafael La Porta, Florencio Lopez-de-Silanes, Andrei Shleifer, Robert Vishny. Law and Finance. Journal of Political Finance, 1998, 106：1113-1155.

股东侵蚀中小股东利益的动机就会严重弱化，谋私行为甚至消失，公司得以顺利进行外部融资；反之，如果市场对投资者的法律保护薄弱，就会增强控股股东侵蚀中小股东利益的动机，并为谋私行为提供机会，损害了中小股东利益，也丧失了潜在投资者的投资信心。

按照现代公司治理理论，管理者与股东之间的信息不对称和代理冲突，导致公司资本成本主要取决于公司治理结构。绑定假说正是从公司治理视角提出交叉上市可以改善公司治理，降低资本成本的观点。绑定（Bonding）或称约束，是现代制度法学和制度经济学术语，指代理人（或企业家）为了使投资者确信其遵照承诺行事而为其证券价格提供较高的价格所承担的成本或责任。[①]绑定假说最初由 Coffee（1999，2002）[②]和 Stulz（1999）[③]提出并发展起来。他们认为，由于控股股东（内部人）与外部股东存在代理问题，在对中小股东权利保护较弱或执行不力的法律环境中，一旦公司面临良好的投资机会，控股股东往往会选择在一个法律更为完善的国家上市，以主动约束其侵蚀中小股东利益的行为，提高对投资者的法律保护，降低控股股东的代理成本，并且上市后公司由于受到各种声誉中介的监控而加大对投资者保护的力度，这种境外上市的法律约束（Legal Bonding）和监控（Monitoring）机制的共同作用提高了公司治理水平，最终吸引大量投资者，公司以较低的资本成本筹集较多的权益资本。Coffee（1999，2002）基于法学角度认为在投资者法律保护较弱的情况下，急需外部融资的企业可以到监管较严厉、信息披露与投资者保护较严格的境外市场交叉上市以获得外部融资，通过接受更严格的法律法规而主动寻求约束，减少侵害中小股东的利益。他总结在美国上市的法律约束机制包括：①上市公司要遵守美国证券交易委员会（SEC）的规定，遵守 SEC 的执行力量；②投资者具有在本国司法体系中并不能获得的有效而

---

①肖珉. 中小投资者法律保护与权益资本成本. 厦门大学 2007 届博士毕业论文.

② John C. Coffee, Jr. The Future as History: The Prospects for Global Convergence in Corporate Governance and its Implications. Northwestern University Law Review, 1999, 93: 641–708.

John C. Coffee, Jr. Racing Towards the Top?: The Impact of Cross–Listings and Stock Market Competition on International Corporate Governance. Columbia Law Review, 2002, 102 (7): 1757–1831.

③ Stulz, René M. Globalization, Corporate Finance, and the Cost of Capital. Journal of Applied Corporate Finance, 1999, 12: 8–25.

低成本法律补救行动（例如集体诉讼、衍生诉讼（Derivative Actions）等）的能力；③公司必须按照 SEC 的要求提供更为详细的财务信息和更为完全的信息披露，并保证其财务报告遵循美国公认会计准则（GAAP）的要求；④承销商、担保人、审计公司、债务评级机构、证券分析师以及交易所本身等美国市场的声誉中介均可进行额外的监督与检查。正是这种对严格监管制度的主动选择使交叉上市公司得以用较低的资本成本筹集较多的权益资本。Stulz（1999）论述了全球化环境下不同法律体系对公司管理层的约束监管效应，主要表现在两个方面：①限制管理层的权力，具体表现为在法律体系薄弱的情况下管理层会窃取股东利益，法律体系的完善加大了窃取行为的难度；②法律体系为股东提供了监督管理层与行使自身权力的机制，具体表现为在资本市场的全球化背景下，小股东保护机制差的国家的公司选择在小股东保护机制好的国家和市场交叉上市，将限制公司内部人的权力，抑制其窃取私利的行为，增强对内部人的监督，同时为外部股东行使权力提供了制度保障，也为母国市场的股东加强了法律保护。从信息不对称和代理问题的角度出发，Stulz（1999）提出金融市场全球化可以直接提升新兴市场的公司治理，而公司治理水平的提高能够有效地解决信息不对称问题和代理问题，从而提高公司股票价格，降低权益资本成本。他认为，公司在信息披露标准更高的市场进行交叉上市，遵守更严格的披露要求，承担更严格的披露责任，增强了董事会和大股东的积极性，提高了公司控制权市场的活跃程度，加大了对中小投资者的法律保护，最终降低了公司的资本成本。

二、绑定假说的检验

Shleifer 和 Vishny（1997）[1] 认为，公司治理的中心任务是要保证资本供给者包括股东和债权人的利益，从而为公司投资者获取投资报酬提供保护机制。按照现代公司财务理论，公司投资者要求的必要报酬率（资本成本）在很大程度上由公司风险决定。大量实证结果已经证实公司治理水平确实会影响外

---

[1] Andrei Shleifer, Robert W. Vishny. A Survey of Corporate Governance. Journal of Finance, 1997, 52（2）: 737-783.

部投资人对于公司风险的评价，进而影响投资人所要求的必要报酬率（资本成本）。因此，健全的公司治理机制与对投资风险报酬的尊重是资本成本的体现。到公司治理更完善的市场交叉上市作为对公司与控股股东的一种多重约束机制，有助于公司资本成本的降低与价值的提升。国内外学术界从公司治理角度对交叉上市资本成本效应进行了大量直接或间接检验，概括起来，主要是从投资者法律保护和信息披露两个方面对绑定假说进行了理论发展与实证检验。

最早对绑定假说进行检验的是 Miller（1999），[1] 他并不集中在直接绑定的研究上，而是发现交叉上市公告[2] 会引起市场的积极反应，导致统计上显著的非正常收益，并且在上市后不会消失。他深入研究了不同层次 ADR 在上市公告日的市场反应，发现在 NYSE/NASDAQ 上市的股票所获得的非正常收益要高于 OTC 上市的股票。对于 Miller（1999）的这一发现，Coffee（2002）认为这是和不同上市方式有不同的法律要求和信息披露要求联系在一起的，也就是说，在 NYSE/NASDAQ 的上市要求比 OTC 要严格得多，投资者法律保护的力度相对更大，信息披露的要求也相对更高。

（一）投资者法律保护视角的检验

LLSV（2000）[3] 将公司治理定义为外部投资者保护其利益不被内部人攫取的一整套机制。按照代理理论，公司内部人具有攫取外部投资者利益的倾向，且攫取水平的高低取决于投资机会和攫取成本的大小。西方学者提供大量证据表明投资者保护在不同国家差异甚大，低水平的投资者保护与不发达的金融市场、控股股东的私人利益与高昂的权益资本成本相联系。

Coffee（1999，2002）和 Stulz（1999）的研究首次从理论上论证了绑定假说，符合全球资本市场上交叉上市公司的实践，他们关于公司治理的提升有

---

[1] Darius P. Miller. The Market Reaction to International Cross-Listings: Evidence from Depositary Receipts. Journal of Financial Economics, 1999, 51（1）: 103-123.

[2] Miller 主要研究时间是交叉上市决策公告日而非实际上市日。公告日显然在理论上是更为适合的日期，因为市场对公司预期改善信息会做出反应，而且通常在公告和实际上市之间会有一段时间的延迟。

[3] Rafael La Porta, Florencio Lopez-de-Silanes, Andrei Shleifer, Robert Vishny. Investor Protection and Corporate Governance. Journal of Financial Economics, 2000, 58（1-2）: 3-27.

助于资本成本降低的理论在学术界产生了深远的影响。然而，他们并未对交叉上市引起公司治理的变化进而影响资本成本进行深入的理论分析。Coffee（1999，2002）强调交叉上市提高了中小投资者法律保护，但并未特别关注权益资本成本的变化；Stulz（1999）基于资本市场全球化角度分析了资本成本降低效应，但并未专门强调交叉上市这一效应。Lombardo 和 Pagano（2002）[①]综合继承了 Coffee（1999，2002）和 Stulz（1999）的研究成果，采取 LLSV"法律与金融学"的横向比较分析不同国家法律差异对公司融资行为产生影响的经典研究方法，从整个权益资本市场供给与需求均衡的角度构建了理论模型，进一步深入探究了全球资本市场一体化过程中，法律及其实施如何影响中小投资者的监督成本和内部人的控制权私利，进而对权益资本成本产生作用。Lombardo 和 Pagano（2002）的观点更加切中肯綮，并且真正突破了权益资本成本传统研究的新古典分析框架，为中小投资者法律保护与权益资本成本之间的关系提供了更加符合现实的分析思路（肖珉，2007）。[②] 然而，与 Stulz（1999）一样，Lombardo 和 Pagano（2002）也没有具体论证全球资本市场一体化行为，交叉上市，是如何增强中小投资者法律保护以降低公司资本成本的。

Reese 和 Weisbach（2002）[③]最早从投资者法律保护、再投资机会以及后续融资能力之间的内在联系继承和发展了绑定假说，全面验证了交叉上市的资本成本效应。基于投资者法律保护视角，他们提出在一个比本国市场更严格的市场交叉上市减少了控股股东利用私人信息牟取私利的可能性。由于信息成本和代理成本的下降，投资者对公司要求的风险补偿会降低，因此交叉上市可以降低公司资本成本。他们的理论观点可以概括为以下三点：①交叉上市的前提条件是公司面临良好投资机会且需要从国际资本市场筹集资金进行投资，这时公司才会选择交叉上市作为"约束"控股股东牟取私利动机的

---

① Davide Lombardo, Marco Pagano. Law and Equity Markets: A Simple Model. Published in Corporate Governance Regimes: Convergence and Diversity Edited by Joe McCahery, Pieter Moerland, Theo Raaijmakers, Luc Renneboog. Oxford University Press, 2002: 343-362.

② 肖珉. 中小投资者法律保护与权益资本成本. 厦门大学 2007 届博士毕业论文.

③ Reese, W., M. Weisbach. Protection of Minority Shareholder Interests, Cross-Listings in the United States, and Subsequent Equity Offerings. Journal of Financial Economics, 2002, 66(1): 65-104.

一种行为，但如果公司不具有良好的投资机会，选择交叉上市的概率就会大大降低；②投资者法律保护弱的国家的公司应该到保护强的市场交叉上市，以提高投资者法律保护水平，降低资本成本，提升公司价值；③交叉上市形成一种自我约束机制，约束控股股东减少对私人利益的追求，公司在交叉上市之后再投资次数增加，后续融资能力增强，融资便利，且多选择权益融资，融资规模会随交叉上市所受到的投资者法律保护水平的提高而增加。Reese 和 Weisbach（2002）关于交叉上市后续融资能力的理论是对 Stulz（1999）和 Coffee（1999，2002）的绑定假说的必要补充，他们提出三点预期：①不论投资者法律保护如何，交叉上市之后公司权益融资的数量和金额都有大幅提高；②来自弱保护国家的公司，其在上市后进行权益融资的概率与融资规模都更大；③投资者法律保护程度不同国家的公司，交叉上市后的后续融资市场选择是不同的：对于来自强保护国家的公司，其后续再融资的地点主要选择强保护国家，即二次上市的国家；对于来自弱保护国家的公司，其后续再融资的地点主要选择本国市场。对于第三点预期，Reese 和 Weisbach（2002）的解释是强保护国家的投资者法律保护水平较高，选择另一个投资者法律保护水平也较好的国家交叉上市则是出于吸引海外投资者，扩大投资者基数；来自弱保护国家的公司通过交叉上市提高了全部投资者（包括本国投资者在内）的法律保护水平，约束了控股股东牟取私利的行为，这是公司向所有投资者做出的承诺，是所有投资者共享的公共福利，而回到国内市场进行再融资可以让国内投资者也分享到投资者法律保护水平提高所带来的利益。为了验证以上观点与预期，Reese 和 Weisbach 第一次对绑定假说进行了实证检验，他们选取 1985~1999 年间在美国交叉上市的 2038 家公司为样本，发现在 NYSE 和 NASDAQ 实现交叉上市的公司中，来自大陆法系（被认为投资者法律保护较弱）国家的公司所占比例（10.1%）明显大于来自英美法系（被认为投资者法律保护较好）国家的公司所占比例（7.4%）。这一结果表明来自弱保护国家的公司倾向于通过到强保护市场交叉上市约束自己的谋私动机，增强对投资者利益的保护。他们还利用同样的数据证实了自己提出的后续融资能力的三点理论预期。

Doidge 等人（2004）[1] 秉承 Reese 和 Weisbach（2002）的研究思路，进一步对交叉上市、投资机会与公司价值之间的关系进行深入研究。他们发现，少于 1/10 的大型公开发行的外国公司选择在美国交叉上市。2003 年，在多伦多证券交易所（TSE）35 指数前 35 大加拿大公司中，有 10 家公司没有交叉上市。这是因为，对于公司控股股东来说，交叉上市一方面会使其遭遇控制权私利（Private Benefits of Control）[2] 的损失，另一方面可以降低公司权益资本成本以更好地利用投资机会，交叉上市正是这两方面损益的权衡。在投资者法律保护薄弱的国家，控股股东受到的行为约束少，他们可以较轻松地侵占公司资源以攫取控制权私利，从而大量侵占了中小股东的利益，一旦公司做出交叉上市的决策，控股股东受到约束而减少其谋私行为，用以弥补其失去控制权私利损失的投资机会得以更有效地利用，最终降低了公司资本成本，提高了公司价值。Doidge 等人（2004）建立数学模型定量描述控制权私利损失与未来成长机会之间的利益权衡关系。他们以托宾 Q 计量公司价值，通过对来自 40 个国家的 713 家在美国交叉上市公司和 4078 家非交叉上市公司进行实证研究，结果发现平均而言，在美国交叉上市的公司价值超出非交叉上市公司约 16.5%，他们将这种差异定义为交叉上市溢酬（Cross-Listing Premium），并且在控制了公司的增长机会（销售增长率）以及公司特征变量（反董事权利（Anti-Director Rights）、会计标准（Accounting Standards）、司法效率（Judicial Efficiency）和流动性（Liquidity）等）之后，交叉上市溢酬仍然显著存在。Doidge（2004）等人进一步考察了交叉上市溢酬与投资者法律保护、未来增长机会的关系，将不同上市地点的交叉上市公司以及来自同一国家的交叉上市公司与非交叉上市的配对公司进行比较，发现：①大型交易所

① Doidge, Craig, G. Andrew Karolyi, Rene M. Stulz. Why are Foreign Firms Listed in the U.S. Worth More? Journal of Financial Economics, 2004, 71 (2): 205-238.

② 投资者保护程度可以通过计算控制权私利加以衡量，Nenova（2003），Doidge（2004）以及 Dyck 和 Zingales（2004）等人的研究弥补了 Reese 和 Weisbach（2002）以及 Doidge 等人（2004）在实证检验思路上的不足，他们采用不同的方法对大股东控制权私利进行具体度量，以证明到投资者保护强的国家交叉上市确实可以降低控制权私利。Benos 和 Weisbach（2004）对控制权私利与在美国交叉上市进行了文献综述。但是这些文献并未涉及对交叉上市的资本成本效应，故不属于本书分析范畴。

交叉上市溢酬显著大于 OTC 交易和私募方式上市的溢酬；②来自投资者法律保护越弱的国家，交叉上市溢酬越大；③交叉上市公司可能拥有更多良好的投资机会，交叉上市溢酬与公司未来增长机会相关，特别是投资者保护弱的国家的公司；④面临同一投资机会，交叉上市公司会创造更多的价值。

我国学者肖珉（2006）[①]研究了我国 A+H 交叉上市公司的后续权益融资资本成本，结果在一定程度上从投资者保护角度支持绑定假说，即处于投资者保护程度较低的环境中的公司赴投资者保护程度较高的市场上市，会因其受制于更为严格的制度约束而在随后得以用较低的资本成本筹集较多的权益资本。但由于我国内地股票市场容量有限，境外上市公司的后续 A 股发行规模较大，往往引起股票流动性下降等问题，对于投资者保护对权益资本成本的降低作用产生了较大的负面影响。肖珉、沈艺峰（2008）[②]认为，我国大陆和香港在投资者保护的立法和实施方面均存在明显差异，相对于仅在大陆上市的公司而言，赴中国香港跨地上市的公司置身于更为完善的投资者保护制度之下，公司的内部人受到更为严格的法律法规制度约束。他们将 A+H 公司与仅在大陆发行上市的 A 股公司进行配对，通过回归分析证实赴香港跨地上市后返回 A 股市场上市的公司具有较低的权益资本成本，跨地上市对权益资本成本的降低作用与香港更为严格的投资者保护制度有关。

（二）信息披露视角的检验

公司法与现代企业制度赋予股东了解公司重大事件和查阅公司财务报告的权利，世界各国的监管部门在这方面的监管原则与措施不尽一致，但都将规范上市公司信息披露作为提高公司治理水平的重要手段。公司到治理水平更高的境外市场交叉上市，需要遵守当地市场的会计准则，承担更严格的信息披露责任。

高质量的会计准则会增强投资者信心，并进而提高流动性，降低资本成

---

① 肖珉. 跨地上市与权益资本成本——来自含 H 股的 A 股公司的证据. 中国经济问题，2006（4）：62-70.

② 肖珉，沈艺峰. 跨地上市公司具有较低的权益资本成本吗? 金融研究，2008（10）：93-103.

本，使市场价格更加公平（Arthur Levitt，1998）。①西方财务理论与实证研究普遍表明，信息披露质量与股权资本成本之间存在负相关关系，即信息披露质量较高的公司股权资本成本较低。

在世界上很多国家，证券市场对于信息披露的管理水平相对很低（Decker，1994;② Rader，1994③）。当非美国公司在美国交易所上市或在证券交易委员会（SEC）注册对美国投资者进行股票公开发行时，信息披露标准的国际差异就成为一个很重要的问题。Fanto 和 Karmel（1997）④分析了在美国上市的六大难点，其中前三大难点是会计协调（15%的上市公司管理者、21%的非上市公司管理者赞同）、管理讨论和分析准备（10%的上市公司管理者、7%的非上市公司管理者赞同）、分割报告（6%的上市公司管理者、11%的非上市公司管理者赞同）。此外，根据一份对在美国上市的公司管理者的调查，协调好本国和美国在财务报告和信息披露标准，已经作为他们上市决策中的一项挑战。⑤尽管有如此多的信息披露方面的困难与挑战，但是我们依然看到，非美国公司在美国市场上市数量一直持续激增。西方学者认为，将公司置于信息披露要求更高的市场上市，有利于加强投资者保护，约束公司提高公司治理水平，进而降低公司资本成本。

Cantale（1996），⑥ Fuerst（1998），⑦ Moel（1998）⑧等很多学者从理论上建

---

① Arthur Levitt. The Importance of High Quality Accounting Standards. Accounting Horizons. 1998, 12（1）: 79–82.

② Decker, William E. The Attractions of the U.S. Securities Markets to Foreign Issuers and the Alternative Methods of Accessing the U.S. Markets: From the Issuer's Perspective. Fordham International Law Journal, 1994, 17: S10–S24.

③ Rader, M. Elizabeth. Accounting Issues in Cross–Border Securities Offerings. Fordham International Law Journal, 1994, 17: S129–S139.

④ Fanto, James A., Roberta S. Karmel. Report on the Attitudes of Foreign Companies Regarding a U. S. Listing, Stanford Journal of Law, Business, and Finance, 1997, 3: 37–58.

⑤ 在 Cherchez la Footnote Forbes（December 24, 2001）中，美国投资者将国际市场中分散投资组合视为一项巨大的挑战。

⑥ Salvatore Cantale. The Choice of a Foreign Market as a Signal. 1996, Tulane University Working Paper.

⑦ Oren Fuerst. A Theoretical Analysis of the Investor Protection Regulations Argument for Global Listing of Stocks. 1998, Yale University Working Paper.

⑧ Alberto Moel. The Role of Information Disclosure on Stock Market Listing Decisions. 1998, Harvard University Working Paper.

立了关于在美国上市决策信息披露要求的分析模型，这些模型预测来自低信息披露质量环境的大型高质量公司将披露更多的信息，并在上市时获得资本收益，这是与那些未上市公司相比较反映公司高质量的一种回报。Huddart 等人（1999）[①] 提出了"力争上游"（Race for the Top）的概念，使用理性预期模型检验了公开信息披露对于公司内部人的上市决策以及流动性交易者寻求最小化交易成本而做出分配决策所产生的影响，认为那些具有强烈动机到高披露水平的市场上市的交易者会阻止公司内部人将公司置于低披露水平的市场上市，并防止内部人凭借其私人信息而获利。

在信息披露约束对交叉上市资本成本效应的研究方面，学者们的研究侧重点各异。Baker 等人（2002），[②] Lang 等人（2003，2004）[③] 从交叉上市后信息披露的直接关注者之一——证券分析师和媒体角度，通过实证数据表明非美国公司在美国交叉上市增加了分析师人数和媒体关注度，提高了分析师的分析范围与预测准确性，从而提高公司价值。[④] Bailey 等人（2006）[⑤] 从信息披露环境的改变角度，发现非美国公司在美国上市后，盈余公告的信息披露，引起非正常收益和非正常交易量在经济上和统计上显著增加，证实通过在美国交叉上市，提高了公司的信息披露标准和要求，产生了更好的信息环境，包括高质量（更精确）优先信息，降低信息获得成本，并可能降低投资者信

① Steven Huddart, John S. Hughes, Markus K. Brunnermeier. Disclosure Requirements and Stock Exchange Listing: Choice in an International Context. Journal of Accounting and Economics, 1999, 26 (1-3): 237-269.

② H. Kent Baker, John R. Nofsinger, Daniel G. Weaver. International Cross-listing and Visibility. The Journal of Financial and Quantitative Analysis, 2002, 37 (3): 495-521.

③ Mark H. Lang, Karl V. Lins, Darius P. Miller. ADRs, Analysts and Accuracy: Does Cross-Listing in the U.S. Improve a Firm's Information Environment and Increase Market Value? Journal of Accounting Research, 2003, 41 (2): 317-345.

Mark H. Lang, Karl V. Lins, Darius P. Miller. Concentrated Control, Analyst Following and Valuation: Do Analysts Matter Most When Investors Are Protected Least? Journal of Accounting Research, 2004, 42 (3): 589- 623.

④ 这方面的研究详见本章第四节。

⑤ Warren Bailey, G. Andrew Karolyi, Carolina Salva. The Economic Consequences of Increased Disclosure: Evidence from International Cross-Listings. Journal of Financial Economics, 2006, 81 (1): 175-213.

息不一致或不对称。Lang 等人 (2003),[①] 卢文莹 (2003),[②] Sami 和 Zhou (2008)[③] 等侧重于信息披露质量的研究。Lang 等人 (2003) 发现外国公司通过在美国交叉上市，会计信息质量明显提高，表现为盈余管理更少、会计数字更稳健、报告信息更及时等。卢文莹 (2003) 从中国境外上市公司与所在国和地区法律监管、流通股比例与境外上市概率之间的关系、会计水平、境内外不同市场的价格发现功能和不同会计准则下信息披露水平等方面探讨了境外上市对公司治理的影响，并将内地公司境外上市的动因归结为改善公司治理水平，证明境外上市使公司整体竞争力明显提高，对推动国有企业改革起到了重要的作用。Sami 和 Zhou (2008) 从信息披露和信息不对称角度对交叉上市公司的信息不对称风险、资本成本和公司价值进行了研究。与没有交叉上市的国内公司相比较，他们提出，交叉上市的中国公司降低了信息不对称风险和资本成本 (以周平均实现收益计量)，提高了公司价值 (以托宾 Q 计量)。

Hope 等人 (2007)[④] 从更加开阔的研究视野，综合比较了交叉上市的成本与收益，全面而深入地研究了交叉上市地点对交叉上市决策的影响。他们的一个突出贡献在于将美国交叉上市的披露效应与投资者权利效应区分开来，并从交叉上市和交易所两个层面进行了实证检验。Hope 等人 (2007) 的观点是：来自披露要求弱的国家的公司更倾向于在美国交叉上市，但是不愿在交易所交叉上市，倾向于在 OTC 交易或由机构投资者进行私募；而来自披露要求高的国家的公司则倾向于交易所上市。他们认为：①从成本角度分析，一方面只有交易所上市的公司，由于遵从美国 GAAP 等会计与披露的相关规定

① Mark H. Lang, Karl V. Lins, Darius P. Miller. ADRs, Analysts and Accuracy: Does Cross-Listing in the U.S. Improve a Firm's Information Environment and Increase Market Value? Journal of Accounting Research, 2003, 41 (2): 317-345.

② 卢文莹. 跨境上市与公司治理相关性研究. 上海证券交易所研究报告, 2003.

③ Heibatollah Sami, Haiyan Zhou. The Economic Consequences of Increased Disclosure: Evidence from Cross Listings of Chinese Firms. Journal of International Financial Management and Accounting, 2008, 19 (1): 1-27.

④ Ole-Kristian Hope, Tony Kang, Yoonseok Zang. Bonding to the Improved Disclosure Environment in the United States: Firms' Listing Choices and their Capital Market Consequences. Journal of Contemporary Accounting and Economics, 2007, 3 (1): 1-33.

从而产生成本，而这种成本是高昂的，那些在 OTC 粉单上市或者直接通过合格的机构投资者募集资金（例如 Rule 144a）的公司并不产生这种成本；另一方面管理层惧怕可能因增加信息披露而放弃控制权私利，特别是对于那些与公司治理相关信息很敏感的披露。②从公司价值（以托宾 Q 进行计量）角度分析，相对于那些在交易所上市的来自披露强地区的公司而言，来自披露弱地区的公司在交易所上市会获得较低的估值溢价。基于以上两点，信息披露要求弱的国家的公司会选择在美国交叉上市，但不愿意在规范的交易所上市。

（三）投资者法律保护与信息披露结合的检验

信息披露与投资者法律保护存在内在的因果关系，二者是不可分割的。较高的会计和披露标准降低了投资者获取信息的成本，给投资者提供了更好的法律保护。因此，国内外学者通常将投资者法律保护的思想与关于信息披露的讨论结合起来。

Mar 和 Young（2001）①采用案例研究的方法分析了在香港上市并在美国发行 ADR 的东方航空和南方航空两家中国公司，发现交叉上市之后董事会和高管团队构成、大股东和机构投资者监督、银行和金融中介监督以及控制权市场没有发生明显变化，但在信息披露、透明度和投资者关系上产生了较显著的改善。他们认为，产生差异的原因在于中国香港证券市场比内地证券市场具有更严格的法制环境、管制体制与市场激励机制，从而加强了投资者法律保护与公司信息披露。

Hail 和 Leuz（2006）②研究了 40 个国家的法律机构和证券管制的有效性是否对权益资本成本具有系统性影响，他们采用四个不同的模型运用分析师预期估算公司隐含资本成本（Implied Cost of Capital），检验结果表明，在控制了不同风险和国家因素之后，不同国家在法律制度和证券管制上的差异与权益资本成本的差异之间存在系统性关系，证券管制严、执行机制强的国家

---

① Mar. P., Michael N. Young. Corporate Governance in Transition Economies: A Case Study of Two Chinese Airlines. Journal of World Business, 2001, 36（3）: 280–302.

② Luzi Hail, Christian Leuz. International Differences in the Cost of Equity Capital: Do Legal Institutions and Securities Regulation Matter? Journal of Accounting Research, 2006, 44（3）: 485–531.

里，公司权益资本成本较低。Hail 和 Leuz（2009）[①] 又分析了自 1992~2003 年间 1000 多家在国内外交叉上市公司，取得与 Miller（1999）和 Doidge 等人（2004）一致的研究成果，[②] 验证了绑定假说，并证实来自体制结构较弱的国家（例如披露不充分或投资者保护弱）的公司，资本成本的降低效应越显著。

长期以来，中国公司在海外市场以低于国内市场的价格折价上市，这与国际上很多公司以降低资本成本作为交叉上市的动因相悖。[③] Sun 等（2006）[④] 分析了中国大型国有企业境外上市的动因问题，以在中国香港上市的我国国有企业为样本，提出在更为发达成熟的境外市场上市实质上是将国内的国有企业置身于一个会计水平、公司治理和法律标准都更严格的环境中，约束公司必须遵循境外市场更严格的上市规范和要求，必须采纳国际标准的财务和会计制度，公司的治理结构有所改善，因此在返回中国内地上市后表现出明显的溢价（资本成本下降）。沈红波、廖理、廖冠民（2008）[⑤] 通过实证研究支持绑定假说，他们指出中国香港资本市场比中国内地 A 股资本市场具有更好的投资者法律保护、更严格的市场约束与披露要求，公司进入中国香港市场上市后公司治理得到提升，控股股东和经理人的代理问题受到抑制，并得到投资者信任，降低资本成本，进而提升公司价值。

三、对绑定假说的拓展与质疑

（一）对绑定假说的拓展

投资者法律保护和信息披露主要是从法律（制度）角度对交叉上市公司

---

① Luzi Hail, Christian Leuz. Cost of Capital Effects and Changes in Growth Expectations around U.S. Cross-Listings. Journal of Financial Economics, 2009, 93（3）: 428-454.

② Hail 和 Leuz（2009）的这一研究结论详见本书第三章第二节中相关内容，他们与前文 Miller（1999）和 Doidge 等人（2004）均发现，与 OTC 上市和私募相比较，在美国主要交易所上市会面临更严格的投资者保护和信息披露，从而权益资本成本降低更为显著。

③ 前已述及，Reese 和 Weisbach（2002）发现来自投资者保护程度较差国家的公司在美国上市后，其后续融资通常不是在美国市场，而较多的是回到本国市场进行。我国公司的做法正符合这一结论，从境外市场回归国内市场上市。但是，"外资股折价"现象确实与国际市场上交叉上市的利益不符，这一点在本书第四章第三节的分析论证。

④ Sun, Q., W. Tong, Y. Wu. The Choice of Foreign Primary Listing: China's Share-Issue Privatization Experience. Institute for Financial and Accounting Studies, Xiamen University, 2006, Working Paper.

⑤ 沈红波，廖理，廖冠民. 境外上市、投资者保护与企业溢价. 财贸经济，2008（9）: 40-45.

提供约束、形成监督。近些年，随着法律环境与社会环境的不断改善，公司主动强化自身约束的重要性日益凸显出来。通过金融市场运作形成的声誉绑定（Reputational Bonding），而非法律约束，作为一种新的无形约束，已经成为交叉上市公司资本成本效应研究的最新拓展。

King 和 Segal（2004）[①]将 1990~2001 年 12 年间在美国交叉上市的加拿大公司与只在加拿大国内上市的公司进行比较，发现在美国上市的加拿大公司虽然必须服从美国较为严格的监管要求，其公司治理得到改善，但是即便是面临很严格的信息披露要求与监督，所有的交叉上市公司也未必均会受益。公司价值能否通过交叉上市得以提高，取决于绑定机制是否发挥作用。为了证实这一点，他们将交叉上市公司按照其在本国市场和美国市场上的股票换手率（Share Turnover）划分为两组，使用在美国上市后美国市场与母国（加拿大）市场股票换手率的相对比率作为衡量指标进行分析，发现那些在美国市场交易活跃的公司价值确实有所增长，而那些交叉上市后主要在本国市场上交易的公司与非交叉上市公司价值无异，也就是说交叉上市并未给这些公司带来价值增长。这表明公司通过在美上市可以获得声誉绑定而非法律绑定，从而降低公司资本成本，提升公司价值。因此，外国公司在美国交叉上市要充分获得最大收益，必须使美国投资者确信其股东权利得到保护，这样美国投资者才能在他们的投资组合中考虑加入外国公司股票，这种声誉绑定的有效性是决定在美国上市公司与其本国市场相比较高交易金额（股票换手率）的重要因素。

Siegel（2005）[②]第一次从理论上明确提出声誉绑定而非法律绑定对在美上市的外国公司价值增长的重要性。[③]他检验了在美国交易所以 ADR 交易的墨西哥公司，发现美国法律并没有震慑和惩罚到墨西哥公司的内部人从公司侵占资产的行为。在美国上市并未能阻止墨西哥境外上市公司内部人侵占公司资

---

① Michael R. King, Dan Segal. International Cross-Listing and the Bonding Hypothesis. Bank of Canada Working Paper, 2004, No. 2004-17.

② Siegel, J. Can Foreign Firms Bond themselves Effectively by Renting U.S. Securities Laws? Journal of Financial Economics, 2005, 75（2）：319-359.

③ Siegel 的这篇文章早在 2002 年 8 月就已经完稿，只是在 2005 年才在 Journal of Financial Economics 上发表，因此，他比 King 和 Segal 更早就声誉绑定问题进行了系统研究。

产情形的产生。以 1995~2003 年间 SEC 对所有外国公司采取的法律行动来看，法律对于外国公司的惩罚基本上是无效的。股东常常试图使用美国法庭对在美上市的外国公司执行证券法，但是制度性障碍只能迫使他们接受象征性的解决。不过，Siegel（2005）进一步研究发现，当墨西哥公司的内部人被控告侵占公司大量资产时，投资者就通过减少新的资金供给来惩罚墨西哥公司。因此他总结，源自市场的惩罚远远高于法律的惩罚，约束实际上是在一种环境下的自身声誉约束，在美国上市可以通过声誉机制而非法律执行机制来实现交叉上市的益处。

公司可以通过抑制不公平行为而获得公平交易的声誉以增强投资者信心（Klein 和 Leffler，1981）。[1] 但是，Ribstein（2005）[2] 认为交叉上市与声誉绑定之间的关系并不清楚。一方面公司可以只待在国内，利用其高声誉在市场上进行交易，也可以利用其声誉在更高流动性市场上融资，而不需要从上市国法律获得更大的发展；另一方面，交叉上市也可能采用不同方式与法律执行机制相互作用。首先，交叉上市所引起的法律赔偿促使审讯法官和他人盯紧违法行为，因此增强了声誉绑定的价值（Ribstein，2004）。[3] 其次，如果公司已经拥有公平对待小股东的声誉，即使是在本国市场缺乏法律约束的情况下，公司可能依然选择交叉上市，这是为了通过约束来进一步降低其资本成本。这与高质量公司更倾向于交叉上市的事实相一致。最后，交叉上市可能被视为声誉绑定的第一步，第二步公司会表明在没有内部人侵蚀小股东利益的情况下仍能得以正常运营，这一事实反过来进一步约束公司未来具有良好行为。按照这一解释，交叉上市为公司初次进入公开市场提供初始约束，但对于那些已经建立其声誉的公司则不具有什么价值。

---

[1] Benjamin Klein, Keith B. Leffler. The Role of Market Forces in Assuring Contractual Performance. Journal of Political Economy, 1981, 89（4）: 615–641.

[2] Larry E. Ribstein. Cross–Listing and Regulatory Competition. Review of Law and Economics, 2005, 1（1）: 97–148.

[3] Larry E. Ribstein. Limited Liability of Professional Firms after Enron. Journal of Corporate Law, 2004, 29, 427. Illinois Public Law Research Paper No. 03–05; 16th Annual IACM Conference, Melbourne. Available at SSRN: http: //ssrn.com/abstract=397661 or DOI: 10.2139/ssrn.397661.

（二）对绑定假说的质疑

尽管大量研究已经证实改善公司治理结构、约束内部人从公司攫取私利是公司在国际市场交叉上市的动因之一，但自绑定假说提出以后，就有很多学者对绑定约束的有效性、改善公司治理与交叉上市的因果关系以及现实中公司上市选择等问题提出了质疑。

包括前述的 Siegel（2005）在内的许多学者质疑上市国法律和规则的有效性，认为在境外上市的公司并未如绑定假说所言，能够受到外国法律的实质性约束。Fanto（1996）、[1] MacNeil（2001）、[2] LLSV（2000）、[3] Leuz（2003）[4]等人通过实证研究发现，交叉上市企业做出的法律承诺事实上并没有看起来那么强，约束的净利益很难实现，交叉上市与通过增强信息披露和/或 SEC 更严格的规定而改善公司信息环境（增加公司价值）之间的关系并不明朗。

Licht（2001，2003）[5]发现投资者保护薄弱国家公司的管理者不愿意在美国交叉上市，因为会损失潜在的控制权私利。他认为，任何关于规则选择的理论模型都会产生规则套利的问题，即规则制定者之间的竞争将导致规则标准低于期望的合理的水平。由于目标市场上严格的公司治理对公司内部人形成威慑，同时信息不对称与管理机会主义存在共同促使公司管理者做出避开高治理水平，选择披露制度更为宽松的市场上市的决策，因此交叉上市可能是力争下游（Race for the Bottom）——竞相寻求公司治理差的环境上市。Licht以以色列公司为例，提出在境外交叉上市是为了逃避本国更严格的管制，由

---

① James A. Fanto. The Absence of Cross-Cultural Communication: SEC Mandatory Disclosure and Foreign Corporate Governance. Journal of International Law and Business, 1996, 17: 119-207.

② MacNeil, Iain. Competition and Convergence in Corporate Regulation: The Case of Overseas Listed Companies. University of Aberdeen Working Paper, 2001, Available at SSRN: http: //ssrn.com/abstract=278508 or DOI: 10.2139/ssrn.278508.

③ Rafael La Porta, Florencio Lopez-de-Silanes, Andrei Shleifer, Robert Vishny. Investor Protection and Corporate Governance. Journal of Financial Economics, 2000, 58 (1-2): 3-27.

④ Christian Leuz. Discussion of ADRs, Analysts, and Accuracy: Does Cross-Listing in the United States Improve a Firm's Information Environment and Increase Market Value? Journal of Accounting Research, 2003, 41 (2): 347-362.

⑤ Amir N. Licht. Managerial Opportunism and Foreign Listing: Some Direct Evidence. University of Pennsylvania Journal of International Economic Law, 2001, 22: 325-347.

Amir N. Licht. Cross-Listing and Corporate Governance: Bonding or Avoiding? Chicago Journal of International Law, 2003, 4 (1): 141-163.

此他提出了逃避假说（Avoiding Hypothesis）。现实中各国公司在公司治理、财务报表编制、会计审计制度等方面不尽相同，为了吸引外国公司来本国发行股票，各国证券管理当局通常会对在本国上市的外国公司，给予部分法律法规适用上的豁免或区别对待，在一定程度上弱化交叉上市对公司治理的积极作用。Licht（2003）指出，SEC 通常会对外国公司在美国上市简化（Cuts Corners）公司治理准则，并对这些企业执行不干涉（Hands Off）政策。因此全球各证券交易所与证券监管机构之间的竞争将导致资本市场规则质量的整体下滑，交叉上市无助于公司治理水平的提高，绑定假说夸大其词甚至不存在，而这些正是支持逃避假说的证据。Sun 和 Tobin（2005）[1]通过对在中国香港上市的中国银行香港分行的个案分析，也证明了这种逃避行为的存在。

Wójcik 等人（2004）[2]以 2000~2003 年间大型欧洲公司在美国交叉上市为样本，研究了交叉上市与公司治理的关系，指出在理解交叉上市与公司治理关系时，绑定假说与逃避假说都很重要。在美国交叉上市公司，特别是那些在美国股票交易所上市的公司，比不在美国交叉上市的公司具有更高的公司治理评级。如果控制了来源国家和其他公司特征因素，在美国交叉上市公司仍然具有公司治理优势，这种优势不仅反映在披露方面，而且反映在董事结构和功能上；相反，在股东权利与责任方面却没有优势。但是，在美国交叉上市公司的优势至少可以追溯到跨国上市之前的几年，这便产生一个问题：这些公司优越的公司治理是否是在美跨国公开交叉上市的效应？他们通过实证研究认为，并非所有的 ADR 都与公司治理评级的改善正相关，良好的公司治理和在美国交叉上市孰因孰果不能明确区分。

四、本节小结

纵观公司交叉上市研究的发展脉络，现代公司治理理论与交叉上市这一

---

① Laixiang Sun, Damian Tobin. International Listing as a Mechanism of Commitment to More Credible Corporate Governance Practices: The Case of the Bank of China（Hong Kong）. Corporate Governance: An International Review, 2005, 13（1）: 81-91.

② Dariusz Wójcik, Gordon L Clark, Rob Bauer. Corporate Governance and Cross-Listing: Evidence from European Companies. 2004, Working Paper, http://papers.ssrn.com/paper.taf?abstract_id=593364.

资本市场行为的结合无疑为交叉上市的资本成本效应研究开辟了新的视野。根据当前文献的主要研究成果，主要关注于绑定假说。该假说认为，由于各国资本市场发育程度的不同，各国公司治理水平存在差异，交叉上市的重要动因之一在于提高公司治理，降低资本成本。已有大量研究为这一假说提供了经验证据。

国际交叉上市产生了全球范围内上市资源的竞争，这加剧了各国在法律、治理准则等方面的竞争。Ribstein（2005）[①] 指出，公司交叉上市对本国与上市国的司法制度都具有重要意义：一方面，公司到境外上市产生的政治压力迫使其采取与上市国类似的法律制度，从而加强了本国的公司治理；另一方面，上市国监管当局也愿意对外国公司优惠适用本国公司治理中的一些法则条款。但是，从公司治理的国际发展趋势来看，尤其是2002年美国安然事件以来，各国公司治理水平几乎均在不断提高。因此，从公司治理角度研究交叉上市的资本成本效应具有重要的理论价值与实践意义。

在全球化日益加剧的当今世界，可以预见，在公司治理的框架下探究交叉上市资本成本效应必将成为未来财务领域的学术热点之一，从公司治理角度深入挖掘与证明交叉上市资本成本的影响因素也必将成为未来研究的发展趋势。

---

① Larry E. Ribstein. Cross – Listing and Regulatory Competition. Review of Law and Economics, 2005, 1（1）: 97–148.

第三章 交叉上市的资本成本效应研究文献综述

早在 20 世纪 70 年代，西方学者就已经开始关注交叉上市，交叉上市的资本成本效应是从财务角度研究公司交叉上市的核心领域。近 10 年来，西方学者对交叉上市的资本成本问题进行了大量深入的理论研究与实证检验，但是至今仍未得出一个公认的结论。随着交叉上市日益成为中国的一种重要经济现象，我国学者开始意识到这方面研究的重要性。但到目前为止，尚未对交叉上市的资本成本效应进行系统深入地研究。本章以交叉上市资本成本效应研究的发展脉络为主线，对国内外学者对交叉上市资本成本的衡量与实证检验方法进行综述，并指出我国目前研究的不足和本书的研究计划。

西方学者对于交叉上市的资本成本效应的研究经历了两个阶段，第一阶段是运用事件研究法通过交叉上市市场反应衡量资本成本效应，第二阶段是采用股权资本成本的计量模型衡量交叉上市的资本成本效应。

第一节 利用市场反应衡量交叉上市的资本成本效应

早期的研究发现交叉上市导致非正常的股票价格效应，按照传统的观点，股票价格的市场反应与股权资本成本的变化相关，甚至认为二者是等效的。因此，大量文献采用事件研究法，通过研究交叉上市这一事件对于公司在交叉上市之前、交叉上市期间以及交叉上市之后股票价格产生的影响，计算非正常收益（Abnormal Return）（亦称超额收益 Excess Return）或累积非正常收益（Cumulated Abnormal Return）（亦称累积超额收益 Cumulated Excess Return），间接地测量交叉上市对公司资本成本产生的影响。在国际交叉上市研究中，与事件相关的两个重要日期是交叉上市公告日和实际上市日。大量研究发现，交叉上市后公司股票价格的变化因上市地点、上市时期以及本国市场等不同而存在差异。

　　交叉上市后公司股票价格变化的实证研究可以分为三类：研究非美国公司在美国交叉上市、研究美国公司在境外交叉上市以及研究非美国公司在美国以外的市场交叉上市。对于非美国公司在美国交叉上市，西方学者普遍认为可以降低资本成本。Alexander 等人（1988），[①] Eun 等人（1993），[②] Foerster 和 Karolyi（1993，1996），[③] Doukas 和 Switzer（2000），[④] Errunza 和 Miller 等人（2000）[⑤] 发现公司发行 ADR 之前有正的非正常收益，而发行 ADR 之后有负的非正常收益，得出在美国交叉上市可以降低资本成本的结论。Jayaraman 等人（1993），[⑥] Domowitz 等人（1998）[⑦] 和 Miller（1999）[⑧] 的结论一致，发现在

---

　　① Gordon J. Alexander, Cheol S. Eun, S. Janakiramanan. International Listings and Stock Returns: Some Empirical Evidence. The Journal of Financial and Quantitative Analysis, 1988, 23 (2): 135–151.

　　② Cheol S. Eun, Stijn Claessens, Kwang W. Jun. International Trade of Assets, Pricing Externalities, and the Cost of Capital. in: "Portfolio Investment in Developing Country". World Bank Discussion Papers, 1993, 287–298.

　　③ Stephen R. Foerster, G. Andrew Karolyi. International Listing of Stocks: The Case of Canada and the U.S. Journal of International Business Studies, 1993, 24 (4): 763–784.

　　Stephen R. Foerster, G. Andrew Karolyi, The Effects of Market Segmentation and Illiquidity on Asset Prices: Evidence from Foreign Stocks Listing in the U.S.. Dice Center for Research in Financial Economics Working Paper, No. 96–6, 1996, Available at SSRN: http: //ssrn.com/abstract=1006.

　　④ John Doukas, Lorne N. Switzer. Common Stock Returns and International Listing Announcements: Conditional Tests of the Mild Segmentation Hypothesis. Journal of Banking and Finance, 2000 , 24 (3): 471–501.

　　⑤ Vihang R. Errunza, Darius P. Miller. Market Segmentation and the Cost of Capital in International Equity Markets. Journal of Financial and Quantitative Analysis, 2000, 35 (4): 577–600.

　　⑥ Narayanan Jayaraman, Kuldeep Shastri, Kishore Tandon. The Impact of International Cross Listings on Risk and Return: The Evidence from American Depository Receipts. Journal of Banking and Finance, 1993, 17 (1): 91–103.

　　⑦ Domowitz, Ian, Glen, Jack, Madhavan, Ananth. International Cross–Listing and Order Flow Migration: Evidence from an Emerging Market. The Journal of Finance, 1998, 53 (6): 2001–2027.

　　⑧ Darius P. Miller. The Market Reaction to International Cross–Listings: Evidence from Depositary Receipts. Journal of Financial Economics, 1999, 51 (1): 103–123.

美国上市后公司实现正常收益率，或虽有正的非正常收益，但很微小，且较上市前明显降低，结论也支持在美上市降低资本成本的结论。而对于美国公司境内外交叉上市的研究结论不一。大部分学者，例如 Torabzadeh 等人（1992），[①] Damodaran 等人（1993），[②] Varela 和 Lee（1993）等人[③] 认为上市后要求的报酬率微弱降低，资本成本下降。也有少数学者，例如 Howe 和 Kelm（1987），[④] Lau 等人（1994）[⑤] 认为美国公司海外上市后市场没有明显反应或反应消极，从而得出资本成本增加的结论。非美国公司在美国以外的市场交叉上市的实证检验研究很少。Lee（1992）[⑥] 检验研究了 1962~1989 年期间 16 家在日本上市的英国公司和 9 家在英国上市的日本公司，发现两国公司在两国市场交叉上市的市场反应相反，但是统计上均不显著，股东财富（资本成本）没有明显变化。Podpiera（2001）[⑦] 选取 3 家捷克公司、10 家匈牙利公司和 9 家波兰公司为样本，这 22 家公司分别在本国和英国伦敦以全球存托凭证（GDR）形式交叉上市。他假设市场处于完全整合和完全分割的中间状态，从境内外交叉上市的公司股票存在本国市场和境外市场的定价错误（Pricing Error）来解释交叉上市后本国市场报酬的方差增加。

以上文献均采用事件研究法，简单地通过交叉上市后股价变动产生的收益率的变动间接度量交叉上市的资本成本效应，在很长一段时间内这一实证思路受到西方学术界普遍认同与青睐。但是，随着研究的逐渐深入，越来越

① Torabzadeh, K. W. Bertin, T. Zivney. Valuation Effects of International Listings. Global Finance Journal, 1992, 3: 159-170.

② Damodaran, A., C. Liu, W. Van Harlow. The Effects of International Dual Listings on Stock Price Behavior. 1993, New York University Working Paper.

③ Oscar Varela, Sang H. Lee. The Combined Effects of International Listing on the Security Market Line and Systematic Risk for U.S. Listings on The London and Tokyo Stock Exchanges. in International Financial Market Integration, S. Stansell (ed.), Blackwell Publishers, Cambridge MA, 1993, 367-388.

④ John S. Howe, Kathryn Kelm. The Stock Price Impacts of Overseas Listings. Financial Management, 1987, 16 (3): 51-56.

⑤ Sie Ting Lau, David Diltz, Vincent Apilado. Valuation Effects of International Stock Exchange Listings. Journal of Banking and Finance, 1994, 18: 743-755.

⑥ Insup Lee. Dual Listings and Shareholders' Wealth: Evidence from U.K. and Japanese Firms. Journal of Business Finance and Accounting, 1992, 19: 243-252.

⑦ Richard Podpiera. International Cross-Listing: The Effects of Market Fragmentation and Information Flows. CERGE-EI Working Paper No. 173. 2001, Available at SSRN: http: //ssrn.com/abstract=273999.

多的学者开始对此提出质疑。Karolyi（1998）[①]指出，问题的关键是（非美国公司在美国）交叉上市后观察到股票价格上升如何直接与全球市场风险分散并导致权益资本成本的整体下降联系起来。Howe 和 Kelm（1987）[②]也曾指出，标准的事件研究法假设在评估期与事件期公司的 β 系数保持不变，但境外上市的要求与单纯国内上市不同，会造成公司未来的不确定性，股价产生相应调整。虽然事件研究与交叉上市的资本成本降低相关，但这些结论没有提供在美国交叉上市可以降低公司资本成本的直接证据（Hail 和 Leuz，2009）。[③]

第二节　利用股权资本成本的计量模型衡量交叉上市的资本成本效应

随着权益资本成本估算技术的发展以及交叉上市研究的日益深入，一些学者开始尝试使用股权资本成本的基本计量模型更加精确地定量衡量交叉上市的资本成本效应。然而，正如 Karolyi（1998）[④]所指出的，交叉上市对公司权益资本成本影响很难进行定量，因为这要求有一个为人们都能够认同的预期收益模型。而事实上，这样的模型并不存在。根据 Karolyi（2006）[⑤]的总结，资本成本与估值效应是交叉上市尚未探明的一个重要因素。通过从资本成本计量角度对交叉上市资本成本效应文献的梳理，虽然可以有一些很好的经济原因用于解释在美国交叉上市可以降低公司资本成本，但是相关的实证

①④ G. Andrew Karolyi. Why do Companies List Shares Abroad?: A Survey of the Evidence and its Managerial Implications. Financial Markets, Institutions and Instruments, 1998, 7 (1): 1–60.

② John S. Howe, Kathryn Kelm. The Stock Price Impacts of Overseas Listings. Financial Management, 1987, 16 (3): 51–56.

③ Luzi Hail, Christian Leuz. Cost of Capital Effects and Changes in Growth Expectations around U.S. Cross-Listings. Journal of Financial Economics, 2009, 93 (3): 428–454.

⑤ G. Andrew Karolyi. The World of Cross-Listings and Cross-Listings of the World: Challenging Conventional Wisdom. Review of Finance, 2006, 10 (1): 1–99.

证据却很少（Hail 和 Leuz，2009）。[1]

一、国际资本资产定价模型（ICAPM）

资本资产定价模型（CAPM）是股权资本成本计量的经典模型，并在实证中取得了比较好的解释效果。CAPM 与 ICAPM 为交叉上市的资本成本估算提供了坚实的理论基础。大量西方学者纷纷采用不同时期、不同样本进行交叉上市的资本成本效应的实证检验。Koedijk 等人（2001）[2] 分析了在国际市场完全整合的假设下两因素 ICAPM 和单因素国内 CAPM 对单一公司资本成本的估算是否存在差异。他们选取 1980~1999 年间 9 个国家的 3293 只股票为样本，发现只有 5%的公司采用两种方法估算的资本成本有显著不同。Koedijk 和 Dijk（2004）[3] 又以 1980 年 2 月至 1999 年 6 月期间在 9 个国家 336 家交叉上市公司股票为样本，采用多因素 ICAPM 与国内 CAPM 两种方法估算资本成本，发现只有 12%的交叉上市公司会产生不同的资本成本（即只有 12%的交叉上市公司会产生显著的"定价错误"）。采用这两种方法计算交叉上市公司资本成本的绝对差异，对美国公司大约是 50 个基准点（0.5%），日本公司大约是 90 个基准点（0.9%），英国公司约 80 个基准点（0.8%），法国公司约 100 个基准点（1%）。他们还将海外上市公司的这一结果与 2957 家没有海外上市的公司进行了比较，发现大约有 4%的这些国内公司显示出显著的"定价错误"。国内股票资本成本的估计平均差异为 80 个基准点（0.8%）。他们的结论表明，国际交叉上市的资本成本采用 ICAPM 与 CAPM 进行估算，不会产生显著差异。

Karolyi（1998）[4] 指出交叉上市会改变股票的风险特征。如果这种改变是

---

① Luzi Hail, Christian Leuz. Cost of Capital Effects and Changes in Growth Expectations around U.S. Cross-Listings. Journal of Financial Economics，2009，93（3）：428-454.

② Kees G. Koedijk, Clemens J.M. Kool, Peter C. Schotman, Mathijs A. van Dijk. The Cost of Capital in International Financial Markets：Local or Global? Journal of International Money and Finance，2001，21：905-929.

③ Kees G. Koedijk, Mathijs A. van Dijk. The Cost of Capital of Cross-Listed Firms. European Financial Management，2004，10（3）：465-486.

④ G. Andrew Karolyi. Why do Companies List Shares Abroad?：A Survey of the Evidence and its Managerial Implications. Financial Markets，Institutions and Instruments，1998，7（1）：1-60.

系统性的、不可分散的，就将改变公司的股权资本成本。交叉上市的系统风险包括本国和海外上市国的市场风险，而且公司价值会随着汇率波动或其他因素而产生更大的系统风险暴露。这些附加的市场因素会导致股票间要求的报酬有很大的不同。

在交叉上市的资本成本效应实证研究方面，美国著名学者 Karolyi 的研究可谓全面、深入。根据 Karolyi（2006）[①] 的总结，西方大量的实证研究可以分为两类：一类是研究非美国公司在美国上市，另一类是研究美国公司在境外市场上市。研究的结论是不同的。

（一）非美国公司在美国交叉上市的检验

Karolyi（1998）[②] 指出，跨境上市显著地降低风险，特别是非美国公司首次在美国上市。大量西方学者利用国内或国际版本的 CAPM，将市场风险溢价的不同计算在资本成本中。对于在美国上市的公司或者来自投资障碍多的市场的公司，系统性风险（以 β 系数衡量）既和他们的母国市场相关，又和上市的海外市场相关。一般而言，非美国市场风险溢价通常比美国市场风险溢价要高，因此通过到美国市场上市可以成功地分散本国的市场风险暴露，平均来看，资本成本会降低。

Errunza 和 Miller（2000）[③] 进一步从理论与实证两方面对交叉上市的资本成本效应进行完善。他们认为，理论模型可以预测存托凭证（DR）的发行可以降低资本成本，但其经济效益很难定量计量。他们研究了在不存在汇率风险条件下的 ICAPM，分别建立在完全分割市场和部分分割市场引入美国存托凭证（ADR）后的预期报酬（资本成本）模型。在完全分割市场中，当公司跨境上市时，股票预期报酬取决于国际风险价格和国际投资组合风险。一般而言，国际风险价格低于国内风险价格，国际投资组合变动性小于国内投资组合变动性，当来自分割市场的公司在一个整合市场（国际市场，美国市场）

① G. Andrew Karolyi. The World of Cross-Listings and Cross-Listings of the World: Challenging Conventional Wisdom. Review of Finance, 2006, 10 (1): 1-99.

② G. Andrew Karolyi. Sourcing Equity Internationally with Depositary Receipt Offering: Two Exceptions that Prove the Rule. Journal of Applied Corporate Finance, 1998, 10: 90-99.

③ Vihang R. Errunza, Darius P. Miller. Market Segmentation and the Cost of Capital in International Equity Markets. Journal of Financial and Quantitative Analysis, 2000, 35 (4): 577-600.

发行 ADR 后，其预期报酬（资本成本）会下降。在部分分割市场中交易的公司进入美国市场发行 ADR 后，预期报酬率取决于外国证券的进入和公司多样化潜力之间的相互作用。ADR 宣告之前这种证券的收益与和它高度相关的本国多样化投资组合的相关性越高，多样化潜力越低，预期收益下降得越低。[①]他们从 1985~1994 年的 32 个国家选取 126 家公司为样本，发现资本成本可以显著降低 42%，且这种资本成本降低效应是由于美国投资者在外国公司交叉上市之前对该证券的熟悉程度引起的。

Karolyi（2006）[②]总结指出，非美国公司在美国交叉上市往往导致国内市场 β 系数显著减少，而国际或美国市场 β 系数没有变化，或者国际或美国市场 β 系数显著增加而国内市场 β 系数没有变化。表 3.1 是这方面的主要研究成果。

表 3.1　非美国公司在美国交叉上市的主要研究成果（ICAPM）

研究	样本	主要发现	资本成本
Jayaraman 等人（1993）[③]	外国公司以 ADR 在美国上市，95 只股票，1983~1988 年的日数据	母国市场 β 系数变化很小，美国市场 β 系数增加	降低
Foerster 和 Karolyi（1993）[④]	加拿大股票在美国上市，56 只股票，1976~1992 年的日数据	加拿大市场 β 系数从 1.23 降低到 1.11，美国市场 β 系数轻微上升	降低
Urias（1994，1996）[⑤]	来自新兴市场的（阿根廷、巴西、智利、墨西哥和委内瑞拉）以 ADR 上市的股票，1989~1994 年的周数据	本国市场 β 系数显著降低，美国 β 系数上升	（除智利以外）增加

[①] 这里需要解释的是，他们提出的多样化是指 ADR 替代资产的可获得性。也就是说，非美国公司在美国上市发行 ADR，如果美国投资者能够在本国市场上获取可以替代 ADR 的证券，则减少了 ADR 公司多样化的潜力，公司资本成本降低；反之，如果无法找到替代 ADR 的证券来获得和投资 ADR 相同的收益，则必须通过提高要求报酬率（资本成本）来反映其多样化的潜力。

[②] G. Andrew Karolyi. The World of Cross-Listings and Cross-Listings of the World: Challenging Conventional Wisdom. Review of Finance, 2006, 10 (1): 1-99.

[③] Jayaraman, N., K. Shastri, K. Tandon. The Impact of International Cross Listings on Risk and Return: Evidence from American Depositary Receipts. Journal of Banking and Finance, 1993, 17: 91-103.

[④] Stephen R. Foerster, G. Andrew Karolyi. International Listings of Stocks: The Case of Canada and the U.S. Journal of International Business Studies, 1993, 24: 763-784.

[⑤] Urias, M. The Impact of Security Cross-Listing on the Cost of Capital in Emerging Markets. 1994, Stanford University Working Paper.

Urias, M. The Impact of ADR Programs on Emerging Stock Market Risk. 1996, Stanford University Working Paper.

续表

研究	样本	主要发现	资本成本
Foerster 和 Karolyi (1996)[1]	来自 14 个国家的 161 只以 ADR 上市的股票，1976~1992 年的周数据	本国市场 β 系数降低，美国市场 β 系数上升	降低
Miller（1996）[2]	来自 35 个国家（包括发达国家和发展中国家）的 178 只以各种水平 ADR 上市的股票	本国市场 β 系数没有显著变化，美国市场 β 系数不显著增加，Ⅲ 级 ADR 的美国市场 β 系数显著增加。来自自由新兴市场的国家美国市场 β 系数大幅增加，来自发达国家和限制性新兴市场的公司美国市场 β 系数没有显著变化	降低

除了对交叉上市后母国市场和国际市场或上市国市场系统风险的比较以外，少量学者还研究了汇率风险在交叉上市后对资本成本产生的影响。Dumas 和 Solnik（1995）[3] 指出，汇率风险是期望收益的重要因素。Foerster 和 Karolyi（1996）[4] 的研究在分析表 3.1 中反映的本国市场和美国市场 β 系数的基础上，还深入验证了交叉上市公司股票收益对汇率波动敏感性的重要变化，在 161 家在美国上市的样本公司中，大部分外汇 β 系数显著增加。

从以上文献可以看出，绝大多数西方学者采用 CAPM 或 ICAPM 证实，非美国公司在美国交叉上市可以降低资本成本。但是不同国家的公司交叉上市后资本成本效应存在差异。Karolyi（1998）[5] 使用不包括汇率风险的两因素 ICAPM 清晰地对交叉上市的资本成本效应进行了定量计量。他指出，理论上讲海外上市的资本成本效应是不确定的，它取决于当地市场风险溢价和美国市场风险溢价以及当地市场 β 系数和美国市场 β 系数规模的变化。在他的模型中，股票的预期报酬是当地市场风险和国际市场风险以及股票平均敏感度

①④ Stephen R. Foerster, G. Andrew Karolyi, The Effects of Market Segmentation and Illiquidity on Asset Prices: Evidence from Foreign Stocks Listing in the U.S. Dice Center for Research in Financial Economics Working Paper, No. 96–6, 1996, Available at SSRN: http: //ssrn.com/abstract=1006.

② Darius P. Miller. Why do Foreign Firms List in the United States?: An Empirical Analysis of the Depositary Receipt Market. Journal of Financial Economics, 1996, 51: 103–123.

③ Bernard Dumas, Bruno Solnik. The World Price of Foreign Exchange Risk. The Journal of Finance, 1995, 50 (2): 445–479.

⑤ G. Andrew Karolyi. Why do Companies List Shares Abroad?: A Survey of the Evidence and its Managerial Implications. Financial Markets, Institutions and Instruments, 1998, 7 (1): 1–60.

或对这些因素的 β 系数的函数,[①] 其模型具体表述为:

$$E(R_i) - r_f = \beta_i^L [E(R_m^L) - r_f] + \beta_i^F [E(R_m^F) - r_f] \tag{2.1}$$

其中,R_i 表示股票 i 的收益,r_f 是无风险报酬率,$E(\cdot)$ 是对收益的预期,β 表示市场 β 系数(本国市场用 L 表示,海外市场用 F 表示)。

Karolyi(1998)认为,为了确定交叉上市资本成本的总体变化,只需要评估公司在交叉上市前后本国市场和全球市场的 β 系数,并确定出因素溢价。对于每一家公司,上市前后资本成本的变化等于本国市场 β 系数的变化乘以当地市场风险溢价加上海外市场 β 系数的变化(非美国公司在美国上市使用标准普尔 500 指数)乘以美国风险溢价。他将研究范围扩展到世界上多个国家,从澳大利亚、加拿大、欧洲(除英国)、亚洲和英国的在美国上市的公司中选取样本,表 3.2 反映出计算过程和数据来源。Karolyi 估算出上市前后各风险因素溢价、当地与美国市场 β 系数以及相应的资本成本,得出以下结论:①风险溢价随地区不同而有显著不同,美国风险溢价为 4.39%,低于很多市场(澳大利亚 6.32%,英国 10.12%),而且波动性(标准离差率)也很低,平均为 15.18%;②国内市场 β 系数上市后显著降低,澳大利亚公司国内 β 系数从 1.414 降低到 0.991,而欧洲股票则下降得少些,从 0.646 降低到 0.627;③美国市场 β 系数平均来看是上升的,但是结果不一(对于加拿大、亚洲和英国公司,美国市场 β 系数是下降的),且增加幅度不及国内市场 β 系数下降的幅度;④公司资本成本平均降低了 126 个基点(1.26%)。英国公司资本成本降低最大,降低 264 个基点(2.64%),亚洲公司资本成本下降 207 个基点(2.07%)。[②]

(二)美国公司在境外交叉上市的检验

相比较而言,只有为数不多的学者利用 CAPM 与 ICAPM 对美国公司在境外交叉上市的资本成本效应进行实证检验。表 3.3 是这方面的主要研究成果。

一些学者对于美国公司境内外交叉上市的资本成本效应着重于使用美国

---

① Jorion 和 Schwartz(1986),Howe 和 Kelm(1987),Mittoo(1992),Rothman(1995),Foerster 和 Karolyi(1996)均采用此模型。

② Karolyi 的这一研究结论堪称交叉上市的资本成本效应研究之经典,很多学者在随后的研究中纷纷引用他的这些研究成果。

表 3.2　非美国公司在美国上市的资本成本变化的估算

项　目	澳大利亚	加拿大	欧　洲	亚　洲	英　国	美　国
因素溢价（以美元计量，年均）						
权益溢价	6.32%	2.57%	5.08%	9.01%	10.12%	4.39%
标准离差	22.69%	18.76%	20.46%	22.72%	25.06%	15.18%
国内（本国）市场 β 系数						
上市前	1.414	1.110	0.646	1.185	0.992	
上市后	0.991	0.997	0.627	0.991	0.853	
美国市场 β 系数						
上市前	−0.081	0.036	0.006	0.072	0.082	
上市后	0.248	−0.053	0.104	−0.002	−0.199	
上市前后权益资本成本						
上市前	13.74%	8.17%	8.47%	16.15%	15.56%	
上市后	12.51%	7.49%	8.80%	14.08%	12.91%	
变　化	−1.23%	−0.68%	−0.33%	−2.07%	−2.64%	

资料来源：G. Andrew Karolyi. Why do Companies List Shares Abroad?: A Survey of the Evidence and its Managerial Implications. Financial Markets, Institutions and Instruments, 1998, 7 (1): 1-60.

表 3.3　美国公司在境外交叉上市的主要研究成果（ICAPM）

研　究	样　本	主要发现	资本成本
Howe 和 Madura (1990)[1]	在欧洲或日本上市的 68 只股票，1969~1984 年的季度数据	美国市场 β 系数由 1.10 下降至 0.97，（除日本外）其他股票市场 β 系数轻微上升	并未引起明显的风险变化[2]
Torabzadeh 等人 (1992)[3]	在多伦多或伦敦上市的 92 只股票，1980~1986 年的日数据	β 系数由 1.10 下降到 0.93	降低
Varela 和 Lee (1993)[4]	在伦敦和东京股票交易所上市的 111 只股票，1965~1987 年的数据	在东京交易所上市的风险（使用美国指数计算的国内市场 β 系数计量）降低，而在伦敦交易所上市的风险增加	全部样本的系统风险没有显著变化

---

① John S. Howe, Jeff Madura. The Impact of International Listings on Risk: Implications for Capital Market Integration. Journal of Banking and Finance, 1990, 14 (6): 1133-1142.

② Karolyi (1998) 曾总结，Torazadeh 等人 (1992)，Damodaran 等人 (1992)，Lau 等人 (1994) 使用在伦敦和东京上市的更多美国股票验证了相似的结论。通过这些研究，很难计量交叉上市对权益成本的净影响。

③ Khalil M. Torabzadeh, William J. Berlin, Terry L. Zivney Maxon. Valuation Effects of International Listings. Global Finance Journal, 1992, 3 (2): 159-170.

④ Oscar Varela, Sang H. Lee. The Combined Effects of International Listing on the Security Market Line and Systematic Risk for U.S. Listings on The London and Tokyo Stock Exchanges. in International Financial Market Integration, S. Stansell (ed.), Blackwell Publishers, Cambridge MA, 1993, 367-388.

市场 β 系数的变化对美国市场系统风险进行衡量比较，除了上表中 Varela 和 Lee（1993）的研究以外，这方面的典型研究还有 Reily 等人（1990），[①] Ting Lau 等人（1994），[②] 等等。这些研究往往结论是一致的，即美国公司交叉上市对国内市场系统风险（国内市场 β 系数）没有显著影响。

二、Fama-French 三因素模型

少量学者使用 Fama-French 三因素模型估算交叉上市的资本成本效应。Rothman（1995）[③] 研究了 1965~1993 年在伦敦和东京上市的美国公司，与先前的研究不同，Rothman 发现上市后母国市场 β 系数增加，但会被公司规模和账面价值对市场价值风险因素的显著降低所抵消。Sundaram 和 Logue（1996）[④] 也通过 Fama 和 French（1995）[⑤] 检验了 76 只 ADR 的资本成本的变化，他们评估了上市前后市价对账面价值比、市价对现金盈余比、市盈率等。相对于他们所在的国家与行业基准，这些指标在上市后 6 个月上升大约 10%。市价对账面价值比和市盈率与戈登增长模型的股票要求报酬成相反关系。这些学者用他们的发现来解释上市后资本成本下降。

三、预期资本成本模型

近年来，国外一些学者认为过去的研究着眼于运用短期均衡模型，使用历史资料分析交叉上市对事后资本成本（Ex-post Cost of Capital）的影响，这

---

① F.K. Reily, D.J. Wright, T. Wakasugi. A Dual Oversees Listing: The Impact on Returns, Risk, and Trading Volume. Unpublished Paper, Presented at the Financial Management Association Meeting, October 1990, cited in Oscar Varela and Sang H. Lee, The Combined Effects of International Listing on the Security Market Line and Systematic Risk for U.S. Listings on the London and Tokyo Stock Exchanges. in Stanley R. Stansell, ed., International Financial Market Integration, 1993, 369.

② Sie Ting Lau, David Diltz, Vincent Apilado. Valuation Effects of International Stock Exchange Listings. Journal of Banking and Finance, 1994, 18（4）: 743-755.

③ Rothman, M. The International Dual-Listing of Stocks and Tests of Capital Market Segmentation. 1995, University of Chicago Working Paper.

④ Sundaram, A., D. Logue. Valuation Effects of Foreign Company Listing on U.S. Exchanges. Journal of International Business Studies, 1996, 27: 67-88.

⑤ Fama, E., K. French. Size and Book-to-Market Factors in Earnings and Returns. The Journal of Finance, 1995, 50: 131-155.

实际上是建立在历史数据是对未来的无偏估计的基础之上的。随着对交叉上市的资本成本效应研究的逐步深入以及资本成本估算方法的进一步演进，学术界力求探索运用新的资本成本估算技术研究交叉上市对预期资本成本（Ex-ante Cost of Capital）的影响。Hail 和 Leuz（2009）[①] 认为，以往的研究着重于在美国交叉上市会显著地增加公司价值，但是这种价值效应的源泉却没有得到充分理解，而且相关的研究结论都是建立在已实现的股票收益（或股利支付）上，因此对资本成本的降低效应估计过大。他们采用了四个与股利贴现模型相一致的隐含资本成本（Implied Cost of Capital）模型，检验了在美国交叉上市是否会降低外国公司的资本成本。在这四个模型中，有两个模型是 Ohlson（1995）[②] 的剩余收益估价模型的特例，另两个模型建立在 Ohlson 和 Juettner-Nauroth（2005）[③] 的非正常盈余增长估价模型的基础上，其主要思想均是用市场价格和分析者预期代入估价等式，推导出作为内部收益率的资本成本，它使得股票当前市价等于剩余收益或预期未来非正常盈余。这一收益率是权益资本成本的事先预期，它通过控制未来成长的市场预期来实现。Hail 和 Leuz（2009）认为，通过这种方法可以精确地解释交叉上市引起市场成长预期的变化。他们分析了自 1992~2003 年来自 44 个国家的 31000 多家公司的数据，收集了 1000 多家在国内外交叉上市公司作为样本，并将它们划分为交易所上市、OTC 场外交易上市和私募三种类型。充分的实证数据表明：①在 NYSE、AMEX 和 NASDAQ 等交易所交叉上市的公司，权益资本成本明显降低，资本成本平均降低 70~120 个基准点（0.7%~1.2%），这一点在经济上具有重要性和持续性；②在美国 OTC（直接场外交易）市场上交叉上市的公司，资本成本下降较少，平均为 30~70 个基准点（0.3%~0.7%），资本成本下降效应并不像交易所上市那么明显；③私募具有相反的资本成本效应，在

---

① Luzi Hail, Christian Leuz. Cost of Capital Effects and Changes in Growth Expectations around U.S. Cross-Listings. Journal of Financial Economics, 2009, 93 (3): 428-454.

② James A. Ohlson. Earnings, Book Values, and Dividends in Equity Valuation. Contemporary Accounting Research, 1995, 11 (2): 661-687.

③ James A. Ohlson, Beate Juettner-Nauroth. Expected EPS and EPS Growth as Determinants of Value. Review of Accounting Studies, 2005, 10: 349-365.

美国进行私募与资本成本的上升有关，这一结论与 Miller（1999）[1] 和 Doidge 等人（2004）[2] 对私募分析得出相反的估值效应相一致。他们解释原因可能是私募可以和一些小的机构投资者进行私下交流，从而加重交易者的信息不对称。此外，他们还认为与约束假说一致，来自体制结构较弱的国家（例如披露不充分或投资者保护弱）的公司，这种资本成本的降低效应更大。

第三节　我国学者的相关研究与未来研究方向

近几年，我国学者开始关注交叉上市的资本成本效应问题。沈红波、廖理、廖冠民（2008）[3] 没有直接进行交叉上市资本成本效应的分析，而是通过托宾 Q 值计量公司价值，以 A+H 股公司与其配对的 A 股公司为样本，实证证实公司进入中国香港市场上市后提升了公司价值，降低了资本成本。Sami，Zhou（2008）[4] 选取 2002 年 1 月至 12 月在中国香港上市的 73 家中国公司（含 25 家公司 A+H 股交叉上市，48 家公司仅在中国香港上市）和 648 家只在内地上市（发行 A 股）的公司为样本，从信息披露和信息不对称角度对交叉上市公司的信息不对称风险、资本成本和公司价值进行了研究。他们认为由于分析师预测数据不易获取，Gebhardt 等人（2001）[5] 提出的剩余收益贴现模型计算预期资本成本不适合对中国公司的资本成本进行检验，在假设实现收益的均衡预期收益的无偏估计的前提下，可以使用周平均实现收益来衡量

---

① Darius P. Miller. The Market Reaction to International Cross-Listings: Evidence from Depositary Receipts. Journal of Financial Economics, January 1999, 51（1）: 103-123.

② Doidge, Craig, G. Andrew Karolyi, René M. Stulz. Why are Foreign Firms Listed in the U.S. Worth More? Journal of Financial Economics, 2004, 71: 205-238.

③ 沈红波，廖理，廖冠民. 境外上市、投资者保护与企业溢价. 财贸经济，2008（9）: 40-45.

④ Heibatollah Sami, Haiyan Zhou. The Economic Consequences of Increased Disclosure: Evidence from Cross Listings of Chinese Firms. Journal of International Financial Management and Accounting, 2008, 19（1）: 1-27.

⑤ William R. Gebhardt, Charles M. C. Lee, Bhaskaran Swaminathan. Toward an Implied Cost of Capital. Journal of Accounting Research, 2001, 39（1）: 135-176.

资本成本。通过实证检验，他们发现 H 股（交叉上市股票）平均实现收益比 A 股（非交叉上市股票）低 0.185。虽然不是很显著，但确实证明 H 股通过交叉上市实现了资本成本的降低。

沈红波（2007）[①] 是我国学者真正开始探索性使用前述交叉上市资本成本计量模型对中国公司交叉上市资本成本效应进行研究的第一人。他在国内首次采用 Ohlson 和 Juettner-Nauroth（2005）[②] 模型计算了中国 A 股上市公司 2004 年预期资本成本，并深入分析了 AH 股、AB 股以及 A 股公司在资本成本上的差异。他选取了仅发行 A 股的 315 家公司、AH 交叉上市的 12 家公司和同时发行 A 股和 B 股的 31 家公司为样本。通过实证研究发现，在市场分割和双重披露的作用下，AB 股和 AH 股的预期资本成本比 A 股分别降低 2.2% 和 3.7%，由于 AH 股面临着比 AB 股更严格的法律监管，导致 AH 股资本成本比 AB 股更低。其结论支持交叉上市可以显著地降低资本成本。随后，肖珉、沈艺峰（2008）[③] 选取含 H 股的 A 股上市公司，从 2001~2003 年分别为 23、24 和 28 个，[④] 共计 75 个为有效样本，将它们与同行业配对样本和同规模配对样本进行对比，采用 Gebhardt 等人（2001）[⑤] 的模型（即 GLS 模型），利用隐含资本成本估算我国 AH 交叉上市公司的权益资本成本。在控制权益资本成本的其他影响因素的情况下，含 H 股的 A 股公司的权益资本成本显著低于配对公司的权益资本成本，二者之间的差距平均约为 1.47%，从而证实赴中国香港跨地上市后返回 A 股市场上市的公司具有较低的权益资本成本。

金融全球化和国际资本市场一体化加速了世界各国公司的交叉上市行为，各国学者对交叉上市的资本成本效应研究不断深入，研究方法日益创新。通

---

① 沈红波.市场分割、跨境上市与预期资本成本——来自 Ohlson-Juettner 模型的经验证据.金融研究，2007（2）：146-155.

② James A. Ohlson, Beate Juettner-Nauroth. Expected EPS and EPS Growth as Determinants of Value. Review of Accounting Studies, 2005, 10: 349-365.

③ 肖珉，沈艺峰.跨地上市公司具有较低的权益资本成本吗? 金融研究，2008（10）：93-103.

④ 作者在文中说明，"在中国香港发行 H 股上市后又返回中国内地发行 A 股上市的 29 家公司中，吉林化工无法获得完整的财务数据用于回归分析，故此处含 H 股的 A 股公司的样本减少为 28 个。"吉林化工于 2006 年退市。

⑤ William R. Gebhardt, Charles M. C. Lee, Bhaskaran Swaminathan. Toward an Implied Cost of Capital. Journal of Accounting Research, 2001, 39（1）：135-176.

过对中外文献的全面细致梳理，可以看出，我国学者在交叉上市的资本成本效应方面的研究相当匮乏，理论研究与实证检验明显滞后于实践的发展。虽然近两年已有沈红波、肖珉等学者开始采用事前的隐含资本成本估算模型进行实证检验，但是他们研究的样本数量少，[①]且隐含资本成本模型在中国的适用性尚待商榷。本书认为，随着中国公司交叉上市实践的发展，采用国际资本成本估算的理论模型，科学计量中国公司境内外交叉上市的资本成本变化，以指导我国公司上市的财务决策，这是中国财务学者的责任，也是我国学术界乃至国际理财学者研究的未来方向。

第四节　本书的展开计划

不言而喻，运用不同的方法计算所得的股权资本成本往往是不一样的，因为不同的计算方法所考虑的股权资本成本决定因素是不尽相同的。经过长期全面系统地整理、研读国际市场上公司股权融资成本计量的经典文献，本书认为，虽然预期（隐含）资本成本模型，例如，基于现金股利折现模型和干净盈余（Clean Surplus）构建的剩余收益折现模型——Gebhardt 等人（2001）[②]提出的 GLS 模型，以及基于预期盈余与预期盈余增长率构建的 Ohlson 和 Juettner-Nauroth（2005）[③] 模型，是近年来西方学术界比较流行采用的权益资本成本估算模型，但是本书赞同 Sami，Zhou（2008）[④]的观点，鉴于我国尚未建立上市公司盈余预测数据库，预测未来盈余所产生的偏差将直接影响预期

---

① 前面已经提到，沈红波、肖珉等学者样本选取均是 2004 年以前在 A+H 交叉上市的公司，样本量只有 20 多个。

② William R. Gebhardt, Charles M. C. Lee, Bhaskaran Swaminathan. Toward an Implied Cost of Capital. Journal of Accounting Research, 2001, 39（1）: 135-176.

③ James A. Ohlson, Beate Juettner-Nauroth. Expected EPS and EPS Growth as Determinants of Value. Review of Accounting Studies, 2005, 10: 349-365.

④ Heibatollah Sami, Haiyan Zhou. The Economic Consequences of Increased Disclosure: Evidence from Cross Listings of Chinese Firms. Journal of International Financial Management and Accounting, 2008, 19（1）: 1-27.

报酬率估计的准确性，从而大大限制了上述模型在中国市场进行实证分析的可行性，因此本书将国际资本成本计量的理论模型确定为国际资本资产定价模型（ICAPM），以此为基础考察中国公司交叉上市前后股权资本成本的变化，并在 ICAPM 的基础上，详尽分析市场流动性、投资者认知水平、投资者法律保护水平对于交叉上市的中国公司资本成本具体影响程度。

股票市场流动性、投资者认知水平、投资者法律保护水平是本书第二章中从资本成本角度分析公司交叉上市的三个理论假说。按照西方学界的共同认识，如果市场是一体化的，则同一公司在任何市场上市的资本成本是同一的，不会产生差异。因此，市场分割假说说明交叉上市行为减少了投资壁垒，削弱了市场分割，降低了公司资本成本。资本成本的变化就是市场分割的佐证。事实上，交叉上市现象本身就是国际资本市场逐渐实现一体化的一种具体体现，因此，中国资本市场与国际资本市场的分割、中国公司的国际化行为及其导致中国资本市场与国际资本市场的日益整合是本书的基本前提。也就是说中国公司走向境外市场上市融资加速了国际资本市场的整合速度，但是市场分割仍是现阶段中国市场尚未完全融入国际大环境的客观现实。本书不对中国市场与国际市场的市场分割程度进行研究，将其定义为以下研究的前提条件。

值得说明的是，我国很多学者对 CAPM 在中国市场的应用颇有质疑，[①] 而 ICAPM 是 CAPM 的理论延伸。本书认为，理论模型分析的作用不在于向人们提供普遍适用的绝对真理，而在于明确地指出，在一些设定的条件下，某些特定的经济现象之间会存在一种特定的联系，而对于这些联系的认知有助于人们对于这些经济现象本质的把握。

---

① 关于这一点，主要是基于 CAPM 的严格假设，本书在第五章中会对这个问题进行分析。

第四章 中国公司交叉上市的发展、现状与特征

第一节 中国公司交叉上市的发展与现状

一、中国公司境外上市的发展历程、现状与特征

（一）中国公司境外上市的发展历程

中国公司境外上市历经 17 年风起云涌的迅速发展，上市地点遍及中国香港、纽约、伦敦、新加坡等地，上市公司涉及能源、电力、钢铁、原材料、运输、金融、科技、电信等，范围涵盖了国内许多成长性好且具有竞争优势的优秀企业，形成了强大的境外上市兵团。细述我国企业境外上市的历程，主要经历了 5 次浪潮。

第一次浪潮始于 1993 年，以青岛啤酒（0618）在中国香港联交所的上市为开始。1993 年 7 月 15 日，青岛啤酒股份有限公司在香港招股上市，成为首家中国内地注册赴中国香港上市的公司，香港投资者反应强烈，认购率 110 倍，冻结资金约 852 亿港元，股价表现不凡，当时共有 39 家外国著名投资公司争当其代理商。1993 年 7 月 26 日，上海石化同时在香港联交所和 NYSE 上市，成为首家以 IPO 方式在美国上市的内地注册企业。1994 年 8 月，山东华能发电股份有限公司在 NYSE 上市交易，成为第一家以 NYSE 作为第

一市场直接挂牌上市的中国国有企业。

第一批境外上市的企业体现了很明显的政策倾向，绝大多数改制前是国有企业，且这些企业限于制造业，这是我国政府积极探索国有企业改革途径和参与国际资本市场的有益尝试。当时中国经济 GDP 增长速度高于世界平均值的一倍多，境外投资者憧憬中国经济的高速增长，一致看好中国巨大的消费市场，踊跃投资。香港恒生国企指数由 1993 年 7 月推出时的 800 余点急升至当年 12 月的 2000 点。然而这股浪潮仅仅持续到 1994 年，墨西哥金融危机波及境外上市的中国公司，加之公司业绩差，投资回报率低于股东要求，投资者热情丧失，境外上市的第一次浪潮由此退去。

第二次浪潮开始于 1994 年下半年，以华能国际、东方航空、南方航空、大唐发电等为代表的基础设施业公司成为这次境外上市浪潮的主力军。虽然当时中国基础设施业比较薄弱，但我国政府加大力度发展制约国民经济发展的电力、交通等基础设施产业，使得境外投资人认为随着中国经济的发展，基础设施领域具有广阔的发展空间和良好的发展前景，一时间形成一波投资热潮。但是由于国内经济紧缩调控，许多项目被迫停建或缓建，导致一些上市公司业绩欠佳，加之美联储 6 次加息导致投资流向改变，投资者信心大失，境外上市步入低谷。

第三次浪潮发生在 1996 年底至 1997 年，以上海实业、北京控股、中国电信等在香港上市的红筹公司掀起红筹股狂潮，风光无限。在"九七"香港回归、中国的宏观经济形势发展良好和国外投资者高预期等有利因素的推动下，红筹股受到了投资者的热烈追捧，从 1996 年下半年至 1997 年上半年，红筹股指数上涨了 198%，远远超过恒生指数 39% 的上涨幅度。红筹股的行情带动了 H 股的走高，国企股指数也从 1000 点暴涨到 1700 点，H 股和红筹股市值达到 800 亿美元，占港股市值的 15%。[①] 1997 年是国有企业境外上市的一个高潮，全年共有 36 家国有企业在香港上市，融资总额达到 1140.69 亿港元，市值突破 5000 亿港元，占香港股票市场总市值的 16.29%，成交量占

---

① 蒋玉娟. 中国企业境外上市问题研究——来自问题公司的启示. 西南财经大学 2006 届硕士毕业论文.

香港股市总成交量的 38.29%。① 这一时期境外上市的企业以制造业、基础设施业为主，这类公司较一般行业而言受宏观经济影响严重，且在管理体制、财务制度、公司治理等方面的传统痕迹严重，上市后业绩与投资者预期相差很大，加之 1997 年下半年东南亚金融危机的影响，1998 年境外上市进入低谷，第三次浪潮结束。自此开始，国外资本市场对中国股票的大门紧紧关闭长达 15 个月。

第四次浪潮发生于 1999 年，由高科技和网络概念股掀起。与第二次在中国香港上市的国有企业不同，以高科技和互联网为特色的民营企业成为这次浪潮的主力军，它们抓住世纪末掀起的信息互联技术高潮，纳斯达克（NAS-DAQ）、新加坡证券交易所（SGX）以及伦敦交易所（LSE）等股票市场出现中华网、新浪、搜狐、网易等中国上市公司身影。美国高科技蓝筹股在股市上的优异表现、我国经济的高速增长及信息产业的快速发展吸引了境外投资者的目光，增强了他们对我国高科技和网络概念股的投资信心。1999 年 7 月 14 日中华网在 NASDAQ 上市，挂牌当日股价由 20 美元飙升到 67.2 美元，上涨 235%，显示出网络概念股的强劲势头。随后的世纪永联、新浪、网易等均在上市之初表现不凡。中国网络公司在境外市场的股价暴涨加速了中国企业境外上市的步伐，也为日后风险资本进入我国打下了基础。然而在第四次境外上市浪潮中，某些民营企业缺乏风险意识和诚信观念，加之全球证券市场的动荡起伏，股票走势波动很大，市值大幅缩水，投资者纷纷选择持币观望，第四次境外上市浪潮逐渐退去。

2000~2005 年，以中国石化、中国移动、建设银行、中海油等石油、电信、银行类为代表的一大批优质大型垄断性企业纷纷境外上市，掀起了境外上市的第五次浪潮。2003 年，中国人寿在纽约和中国香港同时上市，以发行 64.7 亿股、筹资 30.1 亿美元的规模成为该年度全球最大规模的 IPO，引起全球资本市场的瞩目，自此拉开了国企金融改革的序幕。2005 年，交通银行、建设银行和神华能源等大型国企在中国香港成功上市，成为境外资本市场的"宠儿"，吸引了国外投资者的目光，他们看好中国经济的快速增长，更加关

---

① 罗飞飞. 境外上市对国有企业经营绩效影响的研究. 对外经贸大学 2006 届博士毕业论文.

注境外上市的那些优秀的中国企业。境外上市的第五次浪潮于 2006 年下半年逐渐退去，以中国国航、中国银行、中国人寿为代表的一些中央直属的大盘蓝筹股企业陆续回归，刺激了国内市场的高涨，特别是 2006 年 10 月底在中国内地、中国香港同时上市的工商银行，一度成为全球市值排名第二的商业银行。然而，为了留住优质企业在国内上市，2006 年 8 月由商务部、国资委等 6 部委联合出台的 10 号文——《关于外国投资者并购境内企业的规定》再次关紧了境外上市的闸门，2007 年下半年开始的美国次贷危机演变成波及全球的金融危机更是重挫了全球资本市场 IPO 的信心，中国公司境外上市步履艰难。

（二）中国公司境外上市的现状特征与发展趋势

回顾我国公司境外上市的发展历史，可以总结出以下现状特征与未来发展趋势。

（1）金融危机前，境外上市的增势迅猛、融资规模越来越大；受境外金融危机和境内资本市场调整的影响，2008 年中国公司境外上市总体低迷。在 2008 年全球性金融风暴危及我国的资本市场之前，我国境外上市公司无论是从数量上来看，还是从规模、行业地位及其对中国经济的影响力来看，都是前所未有的。图 4.1 清晰地描绘出了 2003~2007 年我国公司境外上市的发展情况。自 2003~2005 年，中国企业境外 IPO 的融资额连续三年远远超出境内 IPO 的融资额。2006 年，我国股权分置改革基本完成，新股发行已经放开，国内市场也逐渐得到完善，在国内很多企业选择在国内证券市场上市的同时，有 86 家中国企业选择了境外上市，融资金额更是达到前所未有的高水平，比 2005 年翻了一番。2006 年 9 月 8 日实施的《关于外国投资者并购境内企业的规定》非但没有消减中国企业境外上市的热情，2007 年中国企业境外上市数量继续增加，且呈逐季上升的状态，以平均每季度增加 11 个上市案例，全年实现 118 家企业的境外上市，筹集资金合计 397.45 亿美元。虽然从融资额方面看，2007 年中国公司境外 IPO 融资额相比 2006 年减少了 42.53 亿美元，但是考虑到 2007 年没有出现像 2006 年中国银行和中国工商银行这样的超级大盘股（此两家企业合计融资 272.45 亿美元，占 2006 年全年融资总额的 61.9%），如果去除这两个特殊的上市案例对 2006 年数据的影响，2007 年的

融资额实际上比 2006 年又有所上升。因此，2007 年又被称为中国企业的
"融资年"。

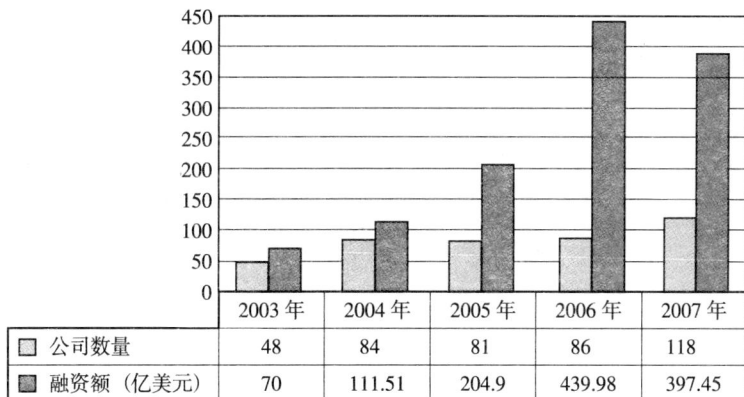

	2003 年	2004 年	2005 年	2006 年	2007 年
☐ 公司数量	48	84	81	86	118
■ 融资额（亿美元）	70	111.51	204.9	439.98	397.45

图 4.1 2003~2007 年中国公司境外上市情况分析

资料来源：清科研究中心各年度《中国企业海外上市年度报告》。

2008 年中国企业境外上市环境恶化，一方面，2006 年 9 月 8 日起施行的
《关于外国投资者并购境内企业的规定》影响逐渐显现；另一方面，从 2007
年开始的美国次贷危机恶化，并逐步演变成全球性的金融风暴。受上述因素
影响，中国企业境外上市步履艰难，上市数量和融资额双双缩减。2008 年共
有 37 家中国企业登陆境外资本市场，合计融资 69.22 亿美元，平均每家企业
融资 1.87 亿美元。与 2007 年相比，上市数量减少 81 家，融资额下降 82.6%，
平均融资额下降 44.5%（详见图 4.2）。①

（2）上市地点相对集中，中国香港、美国是我国企业境外上市的首选地，
未来境外融资版图将会扩大。中国香港作为重要的国际金融中心，是亚洲除
日本之外最大的股票交易场所，是包括恒生指数等在内的重要的国际性指数
的中心市场，吸引了大量国际性的金融机构。根据国际证券交易所联会统计，
按股票市值对全球交易所进行排名，香港证券交易所（HKEx）一直稳居前十
名。图 4.3 是 1986~2008 年香港主板上市公司总市值统计，香港市场正在飞
速成长为国际金融市场的重要组成部分。

---

① 资料来源：清科研究中心《2008 年中国企业上市年度研究报告》。

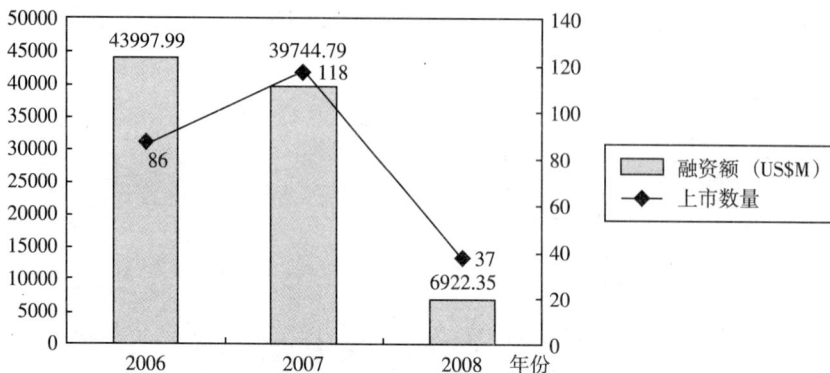

图 4.2　2006~2008 年中国企业海外上市同比统计

资料来源：清科研究中心《2008 年中国企业上市年度研究报告》。

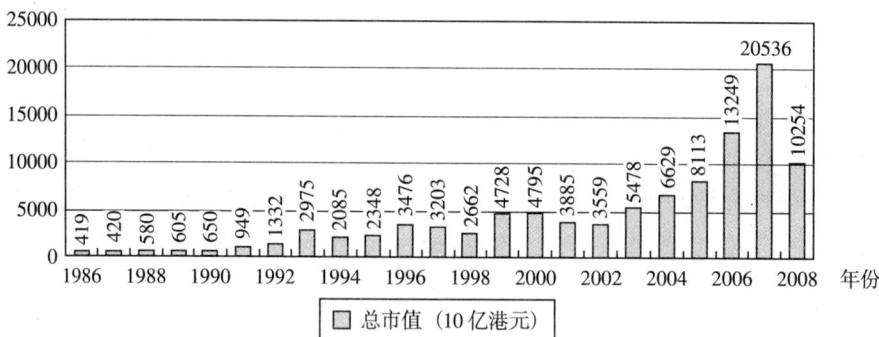

图 4.3　香港主板总市值统计（1986~2008 年）

资料来源：香港证券交易所网站公布《香港交易所市场资料 2008》。

　　与其他境外交易所相比，中国香港具有与中国内地十分接近的文化背景和社会观念，对于中国内地的企业来说，香港市场作为本土市场的构成部分，便于投资者的了解。1997 年香港回归后，香港已经成为我国企业向国际资本市场展示自己的舞台。香港市场分为主板市场和创业板市场。在香港主板上市需要满足相对严格的上市条件，而创业板对上市公司没有行业类别和公司规模的限制，且不设盈利要求，业务记录数量要求也较宽松，因此，不少具有发展潜力、发展历史较短的公司会通过创业板申请上市。一般来说，内地企业通常采用 H 股和红筹股两种模式在香港主板上市。

　　H 股（H-share）公司是指在内地注册成立，经中国证监会批准在香港上市的中国企业。这些在 HKEx 上市，以港币或其他货币认购及买卖中国企业的股份称为 H 股。H 股的上市企业规模相当大，大多属于基础产业且为该行业领导地位的国有企业，因此也称为国企股。反映国企表现的主要指数为恒生中国企业指数（Hang Seng China Enterprises Index，HSCEI），亦可简称为国企指数。H 股公司不仅要受到中国证券监管机关监管，更要依港股国际证券法行事，可谓双重保障。

红筹股（Red Chips）是指境内公司实际控制人以个人名义在境外（主要集中在开曼群岛、维京、百慕大以及中国香港等地）离岸中心注册离岸企业，离岸企业并没有主营业务，而是作为控股公司收购境内公司的资产或者股权，通过境内股权或资产对壳公司进行增资扩股，以境外壳公司名义达到曲线境外上市的目的。红筹公司，按照港交所提出的更为谨慎的定义，是指至少有30%的股份由中国内地实体直接持有的公司；及/或该公司由中国内地实体透过其所控制并属单一最大股东的公司间接持有；又或由中国内地实体直接及/或间接持有的股份合计不足 30%，达到 20% 或以上，而与中国内地有联系的人士在该董事会内有重大影响力的公司。中国内地实体包括国营企业及由国内的省、市机关所控制的实体。①红筹股的主要特点是有注资及重组概念，其境内母公司在内地大多资产雄厚。反映红筹股整体趋势的主要指数为恒生香港中资企业指数（Hang Seng China-Affiliated Corporation Index，HSCCI），亦可简称为红筹指数。随着中资入港速度的加快，红筹股有持续增加的趋势，其影响力必定会越来越大。

根据 HKEx 的市场统计，截至 2008 年底，香港主板上市公司共有 1087家（2007 年为 1048 家），其中 110 家为 H 股公司，89 家为红筹公司，其于年底的市值分别为 27202 亿港元及 28749 亿港元，分别占主板市值的 26.53% 和28.04%。以 2007 年底市值计算，仅中国移动和建设银行两家公司的市价总值就占到了香港主板股份总值的 24.52%。2008 年在香港主板成交（金额）最活

---

① 红筹股的概念界定在学界一直缺乏一致的定义，目前主要有三种观点：一是按照公司业务范围来划分；二是与红筹股的诞生历史有关；三是港交所按照权益多寡划分提出的定义，香港恒生指数服务公司编制的红筹股指数就是按照这一标准来划分红筹股的。

跃的前 10 家公司中，有一半是 H 股公司。[①] 仅 2005~2007 年三年中，内地公司在香港主板上市公司数目达到同期我国境外上市公司总数的 45%，筹资额更是接近同期我国境外上市公司总筹资额的 88%。2008 年，37 家境外上市中国企业中有 19 家企业均选择在香港主板上市，合计融资 59.87 亿美元，分别占上市企业总数的 51.4% 和融资总额的 86.5%，而且，融资额最多的前九名企业也均落户于香港主板。[②] 这些数据充分说明，香港已经成为我国公司境外上市的首选之地。

美国是目前世界上吸引境外上市的最大市场，NYSE 是全球最大的股票交易所，是国际性资金提供的主要市场，其完善的证券市场体系、完备的监管体制、健全的金融服务吸引着世界各国的公司，它拥有全世界 60% 以上的股票交易量和全美 80% 以上的股票交易量，在纽约上市对世界各国的大型公司来说，其意义都是不言而喻的。截至 2008 年 8 月底，已有来自 45 个国家的 422 家非美国公司在 NYSE 上市，股票市场总值达 9.1 万亿美元。[③]

图 4.4 清晰地反映出自 1977~2005 年的 28 年中，美国投资者对外国公司权益证券的投资热情。虽然在纽约上市需要根据美国证监会的要求进行相当严格的登记，并遵循严格的信息披露等方面的要求，但是世界各国的公司对此却更为偏爱，通常愿意付出溢价。根据对金融界网站关于美股信息[④] 和 NYSE 网站[⑤] 的数据整理，截至 2008 年底，共有 170 家中国公司在美国上市，其中，在 NYSE 上市的有 46 家，在 NASDAQ 上市的有 65 家，在美国证券交易所（AMEX）上市的有 5 家，在场外柜台（OTC）交易市场上市的有 35 家，在粉单市场（Pink Sheet）上市的有 19 家。

2002 年美国通过了旨在加强公司内部控制系统的《萨班斯—奥克斯利法案》(Sarbanes-Oxley Act)，并从 2005 年起适用于在美国上市的外国公司，这使得美国上市的会计成本、法律成本以及风险均大大增加。这对于一些已经

① 以上资料来自香港证交所网站 www.hkex.com.hk，香港交易所市场资料（2008）。
② 以上数据根据香港证交所网站和清科公司报告整理得出。
③ 数据来源：NYSE 官方网站：www.nyse.com。
④ 资料来自 http://usstock.jrj.com.cn/。
⑤ NYSE 中文网站：www.nyse.com/China。

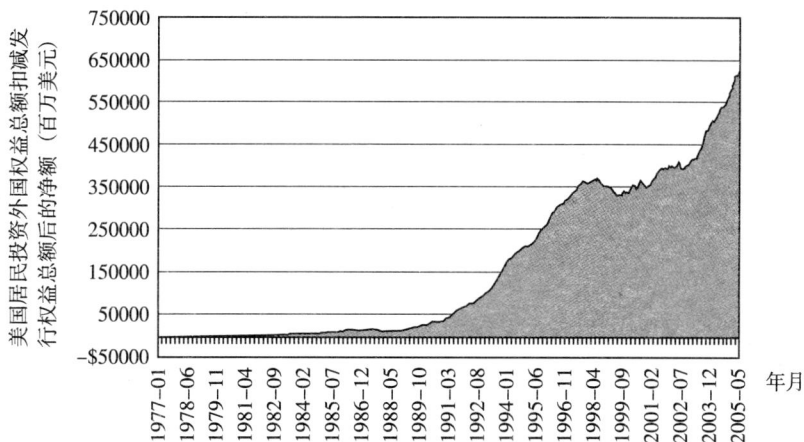

图 4.4　美国居民对外国权益的累计净投资

资料来源：U.S. Treasury International Capital（TIC），2005，转引自 G. Andrew Karolyi. The World of Cross-listings and Cross-listings of the World: Challenging Conventional Wisdom. Review of Finance，2006，10（1）：99-152.

不堪重负的公司无异于"最后一击"，因此，近年来开始有外国公司主动从美国股票交易所摘牌。[①] 2008 年金融危机更是阻碍了中国公司美国上市的步伐，NYSE 和 NASDAQ 显得格外冷清，两市场各有 3 家中国企业上市，分别融资2.40 亿美元和 6345.31 万美元，其中上市数量较 2007 年同期分别下降 78.6%和 62.5%，融资额较 2007 年同期分别下降 93.7%和 94.9%。[②]

近年来，中国公司正在逐渐拓展境外上市领域。从表 4.1 中可以看出，2007 年除了香港主板之外，其他 9 个市场的中国上市企业融资额与 2006 年相比均有不同程度的上升，其中，NYSE、NASDAQ 的表现尤为突出。而且，2007 年在东京证券交易所（TSE）主板、创业板和韩国创业板均出现了中国企业的身影，填补了历史空白。图 4.5 和图 4.6 分别按照上市公司数和融资额对 2005~2008 年中国企业海外上市的市场分布进行了统计。

（3）传统行业是境外上市的领头军，且质量普遍很高。从行业性质来看，近些年我国境外上市企业涉及制造业、服务业、高科技以及 IT 等行业，其中

---

① 《华尔街日报》，2004 年 9 月 20 日。

② 数据来源：清科研究中心。

表 4.1　2005~2008 年境外 10 大市场中国企业 IPO 情况统计

上市地点	2005 年		2006 年		2007 年		2008 年	
	融资额 (US$M)	平均融资额 (US$M)	上市数量	融资额 (US$M)	平均融资额 (US$M)	上市数量	融资额 (US$M)	平均融资额 (US$M)	上市数量	融资额 (US$M)	平均融资额 (US$M)

上市地点	2005 年 融资额 (US$M)	2005 年 上市数量	2005 年 平均融资额 (US$M)	2006 年 融资额 (US$M)	2006 年 上市数量	2006 年 平均融资额 (US$M)	2007 年 融资额 (US$M)	2007 年 上市数量	2007 年 平均融资额 (US$M)	2008 年 融资额 (US$M)	2008 年 上市数量	2008 年 平均融资额 (US$M)
中国香港主板	19012.72	37	513.86	41284.14	39	1058.57	31127.38	52	598.60	5987.31	19	315.12
纽约证券交易所	395.70	1	395.70	480.55	3	160.18	4490.51	18	249.47	240.30	3	80.10
新加坡主板	201.83	20	10.09	1336.79	24	55.70	1987.84	26	76.46	631.29	12	52.61
NASDAQ	718.84	7	102.69	527.07	6	87.85	1469.10	11	133.55	63.45	3	21.15
香港创业板	74.74	8	9.34	227.49	6	37.92	255.58	2	127.79	0.00	0	0
东京证券交易所主板	0.00	0	0	0.00	0	0	191.09	1	191.09	0.00	0	0
伦敦 AIM	62.09	2	31.045	130.42	6	21.74	135.43	5	27.09	0.00	0	0
东京证券交易所创业板	0.00	0	0	0.00	0	0	41.78	1	41.78	0.00	0	0
韩国创业板	0.00	0	0	0.00	0	0	31.52	1	31.52	0.00	0	0
新加坡创业板	23.94	6	3.99	11.55	2	5.78	14.56	1	14.52	0.00	0	0
合计	20489.86	81	252.97	43998.01	86	511.60	39744.79	118	336.82	6922.35	37	187.09

资料来源：清科——中国创业投资暨私募股权投资数据库。

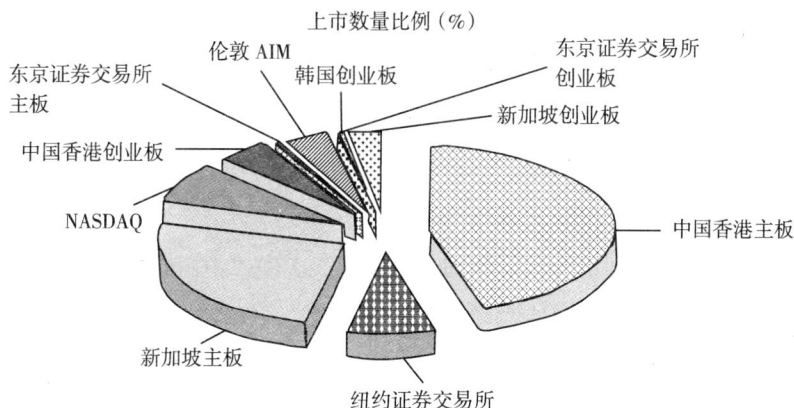

图 4.5　2005~2008 年中国企业海外上市市场分布统计（按上市公司数量统计）

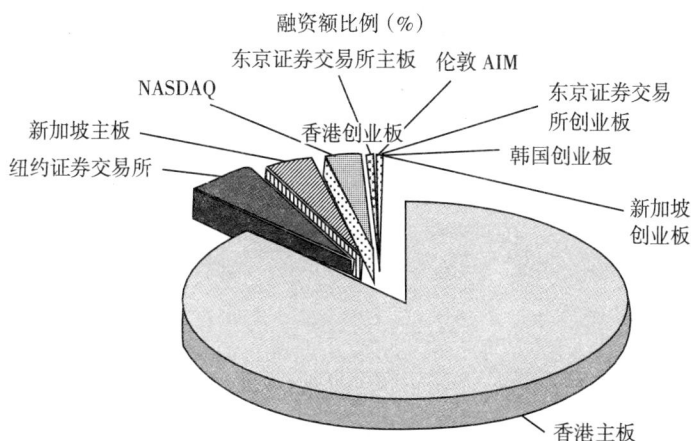

图 4.6　2005~2008 年中国企业海外上市市场分布统计（按融资额统计）

以制造业、能源和服务业为主，传统的制造业在境外上市中处于主导地位，融资额和上市数量多年来均居首位，这跟我国目前以传统行业为主的经济结构有重大关系。我国经济目前正处于转轨时期，仍然以传统行业为主，并且急需大量的资金。在中国香港上市的我国企业数量大，行业多样化，上市公司涉及所有的行业，但制造业仍是境外上市公司的主流，占据了香港交易所H 股的一半以上。虽然 2008 年我国公司境外上市数量骤减，但在 37 家上市公司中 25 家传统行业企业合计融资 59.64 亿美元，分别占上市企业数量的67.6%和融资总额的 86.2%，尽管上市数量和融资额较 2007 年同期减少，但其所占比例分别较上年同期增长 10.5 和 25.9 个百分点；而其余四个行业的融资额所占比例均较上年同期有所下降。在美国上市的中国企业以能源、服务业为主。能源业规模大，资金需求量高，美国 IPO 市盈率较高，筹资额较高，恰好满足这一需要。但美国证券市场的监管要求最为严格，而且在美国上市的成本相对较高，上市后的维持费用也不菲，因此传统行业如果不是规模太大，超过中国香港市场的承受能力，则不会选择在美国上市。我国在美国上市的服务业以互联网、通信等高科技企业为主，这是由于美国投资者对网络等高科技股票的认同度极高。

表 4.2 2006~2008 年中国企业境外 IPO 行业分布

行业 （一级）	2006 年			2007 年			2008 年		
	融资额 (US$M)	上市 数量	平均 融资额 (US$M)	融资额 (US$M)	上市 数量	平均 融资额 (US$M)	融资额 (US$M)	上市 数量	平均 融资额 (US$M)
传统行业	11121.28	54	205.95	25520.86	67	380.91	5964.50	25	238.58
服务业	30745.47	9	3416.16	7127.21	14	509.09	599.39	6	99.90
广义 IT	699.66	9	77.74	4430.25	20	221.51	91.82	3	30.61
其他高科技	1127.82	10	112.78	1755.85	9	195.09	256.58	2	128.29
生技/健康	303.76	4	75.94	910.61	8	113.83	10.06	1	10.06
合计	43997.99	86	511.60	39744.79	118	336.82	6922.35	37	187.09

资料来源：根据清科研究中心各年度《中国企业上市年度研究报告》整理。

从企业类型与质量来看，高科技企业、IT 企业和一些服务类企业（银行除外）大多是民营企业，而传统行业的企业一般都为国有企业，并且由国资委监管的中央企业占有相当大的比重，这些大型国有企业大多是在境内具有高度优势且收益稳居高位的蓝筹公司，其中一些公司在内地市场具有垄断地位，如中国石油、中国石化、中国移动、中国电信、中国人寿等。企业的商业理性和资本的逐利本性使得境外上市的企业一定是优质企业，或者说只有优质企业才能够在境外上市。

二、境外上市中国公司回归 A 股[①] 发展历程

在我国，"为了充分利用两种资源、两个市场之间的相互补充关系，促进企业发展，境外直接上市企业从境外发行股票的那一天起就一直谋求到国内证券市场上市"。[②] 随着 2007 年以来中国人寿、中国石油等大型公司的纷纷回归，我国交叉上市公司数目激增，交叉上市成为我国很多大型优质企业的共同选择。根据对多个市场数据的综合整理，[③] 以 A、H、N、L 分别表示中国内地深市或沪市（A 股）、香港交易所（HKEx）、纽约证券交易所（NYSE）和伦敦证券交易所（LSE），截至 2008 年 12 月 31 日，在香港主板上市的 110 家中国公司中，已有 58 家实现 A＋H 交叉上市，[④] 其中，A＋H＋N 三地上市公司 11 家，[⑤] A＋H＋L 三地上市公司 9 家，A＋H＋N＋L 四地上市公司 6 家[⑥]（详见表 4.3）。我国还有 1 家公司（中新药业）实现 A＋S 交叉上市。由于多方面原因还有一些已经在境外交叉上市的中国公司尚未回归 A 股，例如 H＋N 交叉上市的中芯国际、中海油、燕山石化，H＋L 交叉上市的沪杭甬，H＋N＋L 交叉上市的中国移动、中国电信，等等。随着我国企业的快速增长和金融市场的进一步发展与开放，可以预见会有更多的公司回归 A 股市场，形成境内外交叉上市。

回顾我国公司交叉上市的发展历程，境外上市的中国公司回归 A 股经历了以下三次高潮：

第一次交叉上市的高潮是自 1993~1997 年香港回归，这一时期国家制定

---

① "先外后内"的上市顺序是我国公司交叉上市的最大特征，因此在这里分析我国公司交叉上市的发展历程主要回顾先在境外上市而后回归国内上市的历程。关于"先内后外"以及"内外同时"的上市顺序，在本章后面有相应的归纳总结。

② 上证联合研究计划第三期课题报告. 境外上市企业国内融资机制研究. 2001.

③ 下面数据是作者经过仔细研究国泰安数据库和万德数据库中海外上市方面的数据以及金融界网站（www.jrj.com.cn）、NYSE 中文网站（www.nyse.com/China）等相关网站全面整理得到。

④ 青岛啤酒除了 A+H 交叉上市外，还在美国粉单市场上市（上市代码：TSGTY），由于它并未在 NYSE 上市，故不属于这里讨论的三地上市范畴。

⑤ 需要说明的是，在纽约证券交易所（NYSE）上市的 46 家中国公司中，只有这 11 家实现 A+N 交叉上市，其余 35 家公司有些也在中国香港、伦敦等市场上市，截至 2008 年底尚未回归 A 股。

⑥ 其中的江西铜业和大唐发电除了 A＋H＋L 三地上市外，还在美国粉单市场上市（上市代码：JIXAY、BJCHF），由于它们并未在 NYSE 上市，故不属于这里讨论的四地上市范畴。

表 4.3 中国公司境内外（中国内地、中国香港、纽约、伦敦）交叉上市情况统计

（截至 2008 年 12 月 31 日）

序号	证券简称	A 股代码/上市时间	H 股代码/上市时间	N 股代码/上市时间	L 股代码[①]
1	上海石化	600688/1993-11-08	0338/1993-07-26	SHI/1993-07-26	SNH
2	华能国际	600011/2001-12-06	0902/1998-01-21	HNP/1994-10-06	HPO
3	广深铁路	601333/2006-12-22	0525/1996-05-14	GSH/1996-05-13	GGR
4	中国石油	601857/2007-11-05	0857/2000-04-07	PTR/2000-04-06	PCA
5	中国联通	600050/2002-10-09	0762/2000-06-22	CHU/2000-06-21	CUL
6	中国石化	600028/2001-08-08	0386/2000-10-19	SNP/2000-10-18	SNP
7	东方航空	600115/1997-11-05	0670/1997-02-05	CEA/1997-02-04	
8	南方航空	600029/2003-07-25	1055/1997-07-31	ZNH/1997-07-30	
9	兖州煤业	600188/1998-07-01	1171/1998-04-01	YZC/1998-03-31	
10	中国铝业	601600/2007-04-30	2600/2001-12-12	ACH/2001-12-11	
11	中国人寿	601628/2007-01-09	2628/2003-12-18	LFC/2003-12-17	
12	江西铜业	600362/2002-01-11	0358/1997-06-12		JCC
13	大唐发电	601991/2006-12-20	0991/1997-03-21		DAT
14	中国国航	601111/2006-08-18	0753/2004-12-15		AIRC
15	东北电气	000585/1995-12-13	0042/1995-07-06		
16	青岛啤酒	600600/1993-08-27	0168/1993-07-15		
17	宁沪高速	600377/2001-01-16	0177/1997-06-27		
18	北人股份	600860/1994-05-06	0187/1993-08-06		
19	昆明机床	600806/1994-01-03	0300/1993-12-07		
20	广船国际	600685/1993-10-28	0317/1993-08-06		
21	马钢股份	600808/1994-01-06	0323/1993-11-03		
22	鞍钢股份	000898/1997-12-25	0347/1997-07-24		
23	经纬纺机	000666/1996-12-10	0350/1996-02-02		
24	中国中铁	601390/2007-12-03	0390/2007-12-07		
25	深高速	600548/2001-12-25	0548/1997-03-12		
26	南京熊猫	600775/1996-11-18	0553/1996-05-02		
27	北辰实业	601588/2006-10-16	0588/1997-05-14		
28	新华制药	000756/1997-08-06	0719/1996-12-31		
29	中兴通讯	000063/1997-11-18	0763/2004-12-09		

---

① 作者联系了国内多个数据库服务机构，并在相关网站进行仔细查询，均无法获得下述公司在伦敦证券交易所上市的具体时间。

序号	证券简称	A 股代码/上市时间	H 股代码/上市时间	N 股代码/上市时间	L 股代码
30	广州药业	600332/2001-02-06	0874/1997-10-30		
31	海螺水泥	600585/2002-02-07	0914/1997-10-21		
32	海信科龙	000921/1999-07-13	0921/1996-07-23		
33	建设银行	601939/2007-09-25	0939/2005-10-27		
34	皖通高速	600012/2003-01-07	0995/1996-11-13		
35	中信银行	601998/2007-04-27	0998/2007-4-27		
36	仪征化纤	600871/1995-04-11	1033/1994-3-29		
37	重庆钢铁	601005/2007-02-28	1053/1997-10-17		
38	创业环保	600874/1995-06-30	1065/1994-05-17		
39	华电国际	600027/2005-02-03	1071/1999-06-30		
40	东方电气	600875/1995-10-10	1072/1994-06-06		
41	中国神华	601088/2007-10-09	1088/2005-06-15		
42	洛阳玻璃	600876/1995-10-31	1108/1994-07-08		
43	中海发展	600026/2002-05-23	1138/1994-11-11		
44	中国铁建	601186/2008-03-10	1186/2008-03-13		
45	工商银行	601398/2006-10-27	1398/2006-10-27		
46	中国南车	601766/2008-08-18	1766/2008-08-21		
47	晨鸣纸业	000488/2000-11-20	1812/2008-06-18		
48	中煤能源	601898/2008-02-01	1898/2006-12-19		
49	中国远洋	601919/2007-06-26	1919/2005-06-30		
50	中国平安	601318/2007-03-01	2318/2004-06-24		
51	潍柴动力	000338/2007-04-30	2338/2004-03-11		
52	上海电气	601727/2008-12-05	2727/2005-04-28		
53	中海集运	601866/2007-12-12	2866/2004-06-16		
54	中海油服	601808/2007-09-28	2883/2002-11-20		
55	紫金矿业	601899/2008-04-25	2899/2003-12-23		
56	交通银行	601328/2007-05-15	3328/2005-06-23		
57	招商银行	600036/2002-04-09	3968/2006-09-22		
58	中国银行	601988/2006-07-05	3988/2006-06-01		

和颁布了一系列支持与规范企业境外上市的法规，包括《中华人民共和国公司法》、《国务院关于股份有限公司境外募集股份及上市的特别规定》及《到境

外上市公司章程必备条款》，同时也出台了鼓励公司回归 A 股市场的政策措施，中国证监会与中国香港、美国、新加坡、澳大利亚和英国的证券监管机构签署了监管合作备忘录，为境外上市的中国公司返回国内市场交叉上市创造了政策环境。我国公司境外上市初期实行的是主要针对国有企业的分批预选制，境外上市成为一种行政垄断决策的结果。1992 年 10 月，中国证监会会同有关方面确定了首批赴港上市的 9 家国有企业，它们几乎都是钢铁、机械、石化一类的生产性企业。到 1994 年 6 月，这 9 家企业全部成功在中国香港上市。国家批准这些企业到境外筹资的同时，也积极推进其在国内股市融资，在发行额度控制的前提下，9 家企业无一例外地得到了 A 股发行权。到 1995 年 6 月 26 日东方电机发行上市时，9 家企业已全部发行 A 股。1994 年 7 月，国务院确定了第二批 22 家境外上市预选企业。但是，1994~1996 年由于国有企业经营业绩不佳、国内经济宏观调控、美联储连续 6 次加息等因素，导致 H 股表现不佳，国内股市同步下落。上述 22 家企业中只有 6 家完成了境外发行上市工作，其中有 5 家发行了 A 股。1997 年 1 月，国家公布了第三批境外上市企业预选名单。由于香港回归中国，境外投资者投资中国的热情高涨，这一年成为 H 股发展速度最快、筹集外资规模最大的一年。由于境外上市筹资火爆，回国融资相对较少，当年只有新华制药、东方航空和鞍钢新轧 3 家企业发行了 A 股。[①]

从 1993 年青岛啤酒成为我国首家交叉上市公司到 1997 年底，共有 17 家 H 股公司先后回归国内市场上市，接近同期我国在香港上市的内地公司总数的 44%。[②] 这期间的 H 股回归带有浓厚的行政色彩，同时由于公司自身业绩下滑，在境外已经陷入融资窘境。为了维持公司境外上市秩序，1998 年 3 月 17 日，中国证监会颁布《关于股票发行工作若干问题的补充通知》，原则上规定"发行 B 股或 H 股的企业不再发行 A 股，发行 A 股的企业不再发行 B 股或 H 股"。这一政策大大阻碍了 H 股公司回归的步伐。同时，受东南亚金融危机、国内投资需求萎缩以及 1999 年初"广信事件"给中国概念股带来的持

---

① 上证联合研究计划第三期课题报告. 境外上市企业国内融资机制研究. 2001.
② 资料来源：根据香港证券交易所网站相关数据计算。

续而深远的负面影响，1998 年、1999 年赴港上市的内地企业只有 4 家，境外上市公司回归意识不强烈，只有 2 家公司发行了 A 股。而 2000 年更是没有任何回归行动。

第二次交叉上市的高潮始自 2000 年我国出台的一些鼓励绩优股企业在国内增发股的政策措施。2000 年 4 月 30 日，中国证监会开放"一企一股"政策，颁布《上市公司向社会公开募集股份暂行办法》，指出"申请公募增发的上市公司原则上"包括"既发行境内上市内资股，又发行境内或境外上市外资股的公司"，这标志着证券监管部门重新认可了境外上市公司在国内市场的融资行为，放开了 H 股公司的融资瓶颈，自此重启了境外上市公司回归的大门。这一政策的松动使得 1997 年发行 H 股的广州药业最先受惠，成为第一家以增发形式发行 A 股的公司。随后，多家 H 股公司宣布在国内发行 A 股集资。2001 年 6 月 22 日，中国石化正式发布在境内公开发行 28 亿股 A 股的招股意向书，在国内证券市场成功筹集 118 亿元，创造了 A 股市场一次性筹资数额过百亿的纪录。2001~2003 年，共有 10 家 H 股公司在境内上市，占所有内地企业在 H 股上市公司的 58.82%，其中的 4 家公司实现了 A + H + N 三地交叉上市。

伴随着境外上市公司的纷纷回归，国内理论界与实务界对交叉上市公司的业绩、回归 A 股的目的以及其对国内市场的影响提出了质疑。特别是对回国上市"圈钱"以及"国有资产流失"的争议纷至沓来。加之 2003 年和 2004 年中国股市的低迷与萧条，境外上市的中国公司没有动力回归，2004 年没有 1 家公司回归国内上市。2005 年开始的股权分置改革暂停了股市的融资行为，更是挫伤了境外上市公司的回归动力，在所有的 H 股公司中只有 1 家公司回归 A 股上市。

2006 年，在我国经济持续增长效应及各项政策的推动下，中国股市终于走出长期低迷的徘徊状态，股价一路飞扬，总市值不断上涨。2006 年 5 月 8 日正式实施的《上市公司证券发行管理办法》再次扩大了资本市场的开放程度，重新打开了境外上市的中国公司回归 A 股的大门，中国公司"海归"进程快速掀起了第三次高潮。国资委也在此时发出信号，希望大型国有公司回归内地股票市场，中国银行、工商银行、中国国航等一些巨型央企航母纷纷回 A 股市场上市融资。2007 年可谓是 H 股回归之年，中国人寿、中国平安、中国铝业、交通银行、中国远洋的纷至沓来，给 A 股带来了新鲜的营养，改变了市场投资理念，激起了投资热情。2007 年三季度，H 股回归更是进入了一个高潮。9 月 25 日，"亚洲最赚钱的银行"——建设银行在上海证券交易所正式挂牌交易，募集资金 580.5 亿元，以当日总市值接近 2 万亿元人民币，一跃成为当时市值位居全球第三的银行。同年 10 月 9 日，国内最大的煤炭商中国神华也在上海证券交易所上市，募集资金 665.82 亿元，不到半个月连续刷新新股募资纪录。此后的 11 月 5 日，"能源航母"、亚洲最盈利企业——中国石油又以 668 亿元的募集资金总额完成海归壮举，再创当年全球 IPO 纪录，上市后成为全球市值最大的上市公司。

进入 2008 年，金融海啸席卷全球，没有一个金融市场可以独善其身，境外上市公司经历着前所未有的艰难时光。作为大型国有企业中信集团在香港的 6 家上市公司之一的中信泰富陷入金融衍生品投资巨亏的泥沼，10 月 21 日股价暴跌 55.1%，市值蒸发 175 亿港元，22 日，股价继续下跌 24.7%，市值再度缩水 35.26 亿港元，仅仅两天，中信泰富市值损失超过 210 亿港元。中信泰富的亏损额成为美国次贷危机以来港交所中资绩优股公司迄今最大的一宗亏损事件，也是金融危机爆发以来，全球公司因为投资外汇衍生品产生的最大一单亏损。

金融危机的持续加剧正在导致全球经济和全球股市日益低迷，全球各主要股市均出现了大幅下挫的情况，严重地影响了国际资本市场的筹资功能。境外上市公司在 2008 年的回归计划受到冲击，全年只有 3 家公司回归 A 股。①2 月 1 日，中煤能源 A 股 IPO 以发行 15.25 亿股、募集资金为 211.87 亿元实现了十大 H 股回归 A 股的完美收官。

近年来，中国经济持续保持快速增长，种种迹象表明，金融危机对中国经济的影响有限。在最困难的 2009 年，中国实现国内生产总值 33.5 亿元，经济增长 8.7%，对世界经济贡献超过 50%，这也是 50 年来发展中国家首次

---

① 中国铁建和中国南车虽然均是 2008 年在 A 股上市，但它们都是先 A 股后 H 股，故不在这里讨论的"回归"之列。

引领世界经济增长。① 有数据显示，目前国际金融危机已大体上得到控制，世界经济正在衰退中逐渐走向复苏。我们有理由相信，中国经济的基本面是好的，整体仍然是健康的，大部分境外上市公司有能力且正在逐步化解并度过此次危机，迎来发展机遇。因此，总体看来，回归国内市场交叉上市是大部分境外上市的中国公司实现再融资的主要选择。目前，中国移动、中国电信、中海油等多家境外上市的中国公司正在努力寻求时机，在回归 A 股之路上渐行渐近，并且种种迹象表明，盛大、百度、联想等境外红筹股回归 A 股已经在望。

第二节　中国公司交叉上市的背景分析

一、证券市场国际化与全球证券市场竞争

追求利润是资本流动的根本原则。为了寻求利润不断增值，资本必然在最大范围内自由流动。进入 21 世纪以来，伴随经济全球化进程的加快，国际资本市场的格局与运行机制发生了深刻而巨大的变化，越来越多的国家和地区放松甚至取消了针对金融机构经营业务活动制定的繁文缛节，现代化信息通信与传输技术的进步加速了国际资本市场的融合，国际金融市场日益呈现出全球化、自由化、衍生化和电子化的发展态势。这为资本在世界范围内自由而便捷地流动以谋求最优配置创造了便利环境。因此近年来，各国公司纷纷走出国门，全球资本市场上跨境融资、交叉上市甚至多市场同时发行、上市、交易活动不断增加。在中国公司境外上市的初期，一方面，国内股票市场发育缓慢，融资与再融资制度正遭遇"规模控制"的掣肘，市场容量有限，

---

① 21 世纪前 8 年，世界经济年均增长率为 4.08%。2009 年是第二次世界大战结束 60 多年来世界经济增速最低的一年，首次出现负增长。2010 年 12 月 1 日，联合国经济与社会事务部发布的《2011 年世界经济形势与展望》报告中指出，2010 年全球经济增长预计为 3.6%，世界经济复苏之路依然漫长和曲折；预测 2010 年中国经济增长 10.1%，继续领跑世界。

不能满足很多大型优质公司实行设备改造、扩大生产规模、提高整体竞争力等方面的巨额融资需求；另一方面，国内资本市场缺乏多层次的、灵活的融资机制，成为制约中小企业发展的"瓶颈"，中小企业融资异常艰难。先进的国际资本市场为各种类型的中国公司提供了广阔的融资空间。历史证明，一个成熟和发达的资本市场不可能不国际化！走向境外是资本市场国际化的产物，有效利用证券市场国际化融资是中国经济发展的必然选择。

与此同时，世界各大证券交易所积极设立境外机构，主动争夺优质上市资源，并竞相降低入市门槛和交易成本。中国经济的快速成长以及对外开放的不断深入，吸引了全球各大证券交易所和投资银行的目光，世界著名的证券交易所热衷于中国市场，争先恐后地来到中国争取潜在的优质客户，向中国公司、监管机构、投资银行等竭力鼓吹在其上市的优势。截止到 2008 年 12 月 31 日，纳斯达克（NASDAQ）、纽约证券交易所（NYSE）、东京证券交易所（TSE）、伦敦证券交易所（LSE）、新加坡证券交易所（SGX）、韩国证券交易所（KSE）和德意志证券交易所（FWB）已先后在北京设立代表处，为境外上市公司提供便利，中国公司境外上市正在步入快速通道。可以预见，未来围绕中国企业上市，境外交易所之间必有一番激烈的争夺。

二、国内经济与资本市场发展

经过 30 余年的改革开放，中国已经从一个贫穷、落后、封闭的国家转变成一个具有较强竞争力、国际化程度越来越高、具有巨大潜在成长性的经济大国。1978 年，中国的 GDP 只有 3650 亿元人民币，而到 2008 年，中国的 GDP 已达到 314045 亿元[①] 的规模，改革开放以来，我国 GDP 增长了 80 多

---

① 2008 年的 GDP 数据是 2009 年 12 月 25 日国家统计局发布的《关于修订 2008 年 GDP 数据的公告》中的修订数据，按照各个国家官方正式公布的 GDP 数据，2007 年、2008 年中国 GDP 总量均排名世界第三。世界银行 2009 年 10 月发表《2008 年世界发展指标》报告（World Development Indicators）称，2008 年全球经济总量已经达到 60 万亿美元，其中，中国的 GDP 总量所占份额超过 9%，高于日本的 7%，跃居全球第二。美国居于首位，占全球经济总量的 23%。根据 2010 年 7 月 2 日国家统计局公告，对 2009 我国 GDP 初步核实确定为 340507 亿元，最终的修订数据将于 2010 年底公告。另据 2010 年 8 月 17 日的《经济参考报》，日本 2010 年第二季度 GDP 总量为 1.288 万亿美元，低于中国的 1.339 万亿美元。中国 GDP 总量首次超过了日本，这被美国《纽约时报》等西方媒体称为是中国经济发展的一个里程碑。按照目前两国的经济增长速度，中国 2010 年 GDP 超过日本，成为全球第二几乎成了定局。

倍。2005 年 5 月，我国启动了自中国资本市场建立以来最重大也是最复杂的制度变革——股权分置改革。随着这一改革的顺利推进，我国股票市场实现了跨越式发展，各项制度逐步健全，市场规模不断扩大，融资环境回暖，市场对于扩容的承受能力明显提高。根据中国上市公司市值管理研究中心（CCMVM）2008 年 1 月 9 日发布的《2007 年中国上市公司市值年度报告》，截至 2007 年底，中国上市公司市值总额达 32.7 万亿元，成为继美、日、英之后全球第四大证券市场。证券化率一举突破 150%，跻身成熟市场水平。2008 年，在市值急剧缩水和 GDP9% 增长的共同作用下，中国经济证券化率在经历了 2007 年的超常膨胀后大幅理性回落至 53.87%，[①] 但仍比 2006 年高出近 12 个百分点。放眼海外市场，证券化率从 50%~100% 都是一个渐进的过程，美国用 7 年时间完成了这一升级，韩国花 4 年半时间走完了这段历程。[②]

境外上市的中国公司，特别是那些优质的大型国有企业，承担着稳定国内资本市场、保障经济安全的重任。国内经济的强劲增长和国内金融环境与资本市场的巨大变化，为境外上市的中国公司回归 A 股创造了必要条件，众多优质公司纷纷谋求回归国内市场实现交叉上市。这些大型优质公司有步骤地回归 A 股市场是发展壮大国内资本市场，使其跻身于世界一流市场行列的重大战略举措，同时也对维护我国金融安全、完善社会市场经济具有特别重要的意义。

在过去的 2008 年里，残酷的全球性金融危机导致国际大环境日趋恶化，一年中我国 A 股市值缩水高达 62.76%，沪深两市总流通市值损失了 51%。但是这种惨烈的下跌显然并没有影响中国股市规模的扩张，总股本由 2007 年底的 2.2 万亿股发展到 2.4 万亿股，增长了 9%，[③] 总流通股本由 2007 年底的 0.47 万亿股扩大到 0.66 万亿股，总量增长了 40%。中国股市历经 18 载春秋，上市公司从 1990 年底沪深交易所成立时的 13 家增加到了 2008 年底的

---

① 资料来源：中国上市公司市值管理研究中心于 2009 年 2 月 19 日发布《2008 中国上市公司市值管理年报》。需要说明的是，这一百分比是按照预测 2008 年的 GDP27 万亿计算，而不是按照 2009 年 2 月 26 日国家统计局发布的 30.067 万亿计算的。此外，不容忽视的是，受全球性经济危机的影响，全球经济证券化率普遍下降，所有国家和地区的证券化率全线跌破 100%。

② 中国上市公司市值管理研究中心. 2008 中国上市公司市值管理年报.

③ 中国证监会从 2008 年 9 月暂停发行新股，在很大程度上限制了总股本的扩张。

1661 家,[①] 股票数量扩容近 127 倍,如此快的发展速度是海外其他证券市场无法比拟的。放眼全球,中国证券市场的地位不容动摇,在全球交易所上市公司市值排行榜上,上海证交所 2007 年、2008 年连续两年名列第六(详见表4.4)。[②] 虽然金融危机使得全球经济发展受到重挫,但是,危机不能否认全球化,可以预见,随着全球金融危机逐渐探底平息,将有更多的中国公司充分利用境内外市场交叉上市。

表 4.4 全球股票市值最大的 10 家交易所

排名	市场名称	2008 年末(10 亿美元)	2007 年末(10 亿美元)
1	纽约证券交易所	9209	15651
2	东京证券交易所	3116	4331
3	纳斯达克	2396	4014
4	泛欧证券交易所	2102	4223
5	伦敦证券交易所	1868	3852
6	上海证券交易所	1425	3694
7	香港证券交易所	1329	2654
8	德意志证券交易所	1111	2105
9	多满交易所集团[③]	1033	2187
10	西班牙马德里交易所	948	1781

资料来源:World Federation of Exchanges,节选自 WFE 2008 Market Highlights。

三、企业的融资需求

交叉上市是公司充分利用两个市场、两种资源,以拓展融资渠道,满足自身融资需求,实现资源优化配置的必然选择。

Sandagaran(1988)认为,公司在国内市场的相对规模是海外上市的重要

---

① 资料来源:国泰安研究服务中心 CSMAR 中国股票市场交易数据库。
② 根据 WFE 公布的 2009 WFE Annual Report,上海证交所 2009 年在全球交易所上市公司市值排行榜中依然名列第六。
③ 多伦多证券交易所(TSX)2007 年 12 月 10 日收购满地可交易所(Montreal Exchange Inc.)组成的多满交易所集团(TMX Group Inc.),该集团拥有和经营加拿大两大股票交易所——多伦多证券交易所(TSX)和 TSX 创业交易所。

影响因素（沈红波，2007）。[1] 20 世纪 90 年代，国内资本市场容量有限，融资规模较纽约、中国香港等相差甚远。公司大规模发行新股会使得市场饱和，从而抑制股票价格，单纯依靠本国资本市场来筹措资金难以满足国际企业的发展需要。Sun，Tong 和 Wu（2006）[2] 认为，国内市场难以满足企业大规模的资金需求，境外上市不仅可以保证国内市场的稳定和发展，也使国内企业融入了国际市场。易宪榕和卢婷（2006）[3] 认为，国内企业有迫切的融资需求，近年来为了抑制一些行业过热，政府采取了适度从紧的宏观调控政策，贷款增速回落；而国有商业银行为了降低不良资产也纷纷压缩信贷规模，加上近 5 年的股市低迷以及投资者对扩容的抵触情绪，国内市场已无法满足企业的资金需求，因此企业境外上市是国内资本市场缺陷下的现实选择。中国证监会的统计数据显示，截至 2005 年 11 月底，沪深两市上市公司 1381 家，总市值 31095.16 亿元，流通市值 10135.7 亿元，我国企业上市公司的总市值仅相当于美国 2005 年 11 月 30 日的 1/100。正如上海证券交易所研究中心总监胡汝银博士当年所言："目前我国证券市场规模太小，用这样的市场基础去接纳红筹企业也许会显得力不从心。而回过头去看，事实上，特定的市场基础正是导致那些红筹企业当初将境外上市作为首选的原因之一"。[4] 作为一个发展中的大国，在我国经济的飞速增长中，企业对于资金的需求量十分迫切，要突破我国资本市场融资能力的瓶颈，企业必须逾越国内市场规模的限制，在世界范围内寻求资金来源。境外多层次的资本市场具有强劲的资金实力，为公司融资提供了丰富的选择与广泛的空间，强烈地吸引着我国企业。因此，渴望融资的中国公司纷纷选择境外上市，以尽快满足对资金的迫切需求。

　　然而，随着公司业务规模、资产规模的扩大以及战略规划的逐步实施，一些境外上市的中国公司又产生了巨大的资金需求，这便为它们交叉上市提供了内在动因。进入 21 世纪，美国经济的萧条、股市泡沫的破灭对全球经济

---

① 沈红波. 企业海外上市的动因分析. 会计之友，2007，8（下）：62-63.

② Sun，Q.，W. Tong，Y. Wu. The Choice of Foreign Primary Listing: China's Share-Issue Privatization Experience. Institute for Financial and Accounting Studies，Xiamen University，2006，Working Paper.

③ 易宪榕，卢婷. 国内企业海外上市对中国资本市场的影响. 管理世界，2006，7：4-14，33，171.

④ 王璐，胡汝银.创造良好市场环境，让红筹企业回归 A 股. 上海证券报，http://news.cnfol.com/051219/101，1591，1601773，00.shtml .

和全球股市产生了重大影响，国际资本市场的筹资功能和市场交易活跃程度呈现出明显减弱态势，严重影响了我国境外上市公司在境外证券市场的再融资行为。与此同时，一些公司经营业绩普遍不佳，相当多企业业绩出现负增长，其中青岛啤酒、马钢股份、昆明机床、洛阳玻璃4家公司的净利润连续两年大幅度下降，与市场的预期和公司招股书中的盈利预测形成了较大差距。[1]据法国巴黎百富勤的统计，自1993年开始，每年都有一部分H股公司出现亏损。1998年是H股公司表现最差强人意的一年，受1997年金融风暴影响，20%的H股公司出现年度亏损。由1999~2001年，H股公司业绩开始改善，亏损的H股公司比例维持在15%以下。但2002年以来业绩又存在下滑的趋势，导致不少公司的竞争力标准值低于同期沪深两市的平均水平（崔远淼，2004）。[2]与此同时，一些境外上市的中国公司将长期以来在国内培养起来的"劣根性"带到了境外市场，擅自挪用募集资金等不规范运作时有发生。从资金的投向上看，里昂证券有限公司在其1996年8月发表的《中国研究报告》中作的一项统计结果表明，只有不到1/3的公司已将大部分资金投入生产、改造或建设，有相当一部分公司上市后的资金运用状况不理想。[3]经营业绩的倒退与资本运作的随意严重打击与损害了中国公司在国际资本市场上的声誉与形象，不仅削弱了其在境外市场的再融资能力，而且还为内地公司拓展境外市场带来了很大的消极影响。而此时的A股市场股票交易活跃，流动性强，证券市场的筹资功能日趋强大，现实迫使那些已经境外上市的企业将目光重新投向国内市场。

四、管理层政策推动

回顾中国公司交叉上市的发展历程，不论是当初跨出国门，还是随后回归国内，都伴随着国家政府管理部门——国务院、中国证监会等出台的鼓励或限制政策。表4.5对管理层的相关政策规定进行了总结。

---

[1] 上证联合研究计划第三期课题报告. 境外上市企业国内融资机制研究. 2001.
[2] 崔远淼. 中国企业境外上市动机及影响因素分析.投资研究，2004（5）：10-12.
[3] 资料来源：里昂证券. 中国研究报告，1996年8月，转引自刘研. 中国企业海外上市问题研究. 改革，1997（6）：41.

表 4.5　中国公司交叉上市的相关政策法规

时间	法律政策名称	相关规定
1993 年 4 月 9 日	国务院证券委员会批转中国证监会《关于境内企业到境外公开发行股票和上市存在的问题的报告》的通知	规范境外发行股票和上市的方式，规定上市公司必须事先报证券委审批，并由中国证监会对企业及其业务活动进行监管
1993 年 12 月 29 日	全国人大常务委员会通过《中华人民共和国公司法》	规定经国务院证券管理部门批准，股份有限公司可以向境外公开募集股份，具体办法由国务院做出特别规定①
1994 年 8 月 4 日	国务院发布《关于股份有限公司境外募集股份及上市的特别规定》	对股份有限公司向境外公开募集股份，做了详细、具体的规定
1996 年 6 月 17 日	国务院证券委员会发布《关于推荐境外上市预选企业的条件、程序及所需文件的通知》（证委发［1996］17 号）	对推荐境外上市预选企业的条件、程序与推荐时应附送的文件做了具体的规定
1997 年 6 月 20 日	国务院公布《关于进一步加强在境外发行股票和上市管理的通知》（国发［1997］21 号）	提出境内企业到境外证券市场融资应主要采取直接上市的方式，加强对红筹上市模式的监督管理，因此这一通知通常被称为"红筹指引"
1998 年 3 月 17 日	中国证监会发布《关于股票发行工作若干问题的补充通知》（证监发［1998］8 号）	规定"一企一股"的政策：发行 B 股或 H 股的企业不再发行 A 股，发行 A 股的企业不再发行 B 股或 H 股
1998 年 12 月 29 日	全国人大常委会通过《中华人民共和国证券法》	第 29 条规定境内企业直接或间接到境外发行证券或者将其证券在境外上市交易，必须经国务院证券监督管理机构批准②
1999 年 3 月 26 日	中国证监会颁布《关于境外上市公司进一步做好信息披露工作的若干意见》（证监发［1999］18 号）	对境外上市公司信息披露义务、重大事件及关联交易的信息披露、健全公司信息披露的责任和内部协调制度以及监管等八个方面做出详细规定
1999 年 7 月 14 日	中国证监会发布《关于企业申请境外上市有关问题的通知》（证监发行字［1999］83 号）	提出"成熟一家，批准一家"的政策：国有企业、集体企业以及其他所有制形式的企业经重组改制为股份有限公司后，凡符合境外上市条件的，均可自愿向中国证监会提出境外上市申请，并规定了公司申报境外上市须具备的条件
1999 年 9 月 21 日	中国证监会颁布《境内企业申请到香港创业板上市审批与监管指引》（证监发行字（1999）126 号）	对境内企业申请到香港创业板上市的条件、提交文件、审批程序以及监管等做出明确规定
2000 年 4 月 30 日	中国证监会颁布《上市公司向社会公开募集资金股份暂行规定》（证监公司字［2000］42 号）	开放"一企一股"政策，鼓励境外上市的绩优公司在国内增发 A 股

---

① 1999 年 12 月 25 日和 2004 年 8 月 28 日修正的《公司法》第 85 条、第 155 条也对股份有限公司向境外公开募集股份以及股票境外上市做出相同的规定。

② 2005 年 10 月 27 日修订的《证券法》第 238 条也对境内企业直接或者间接境外上市做出相同的规定。

续表

时间	法律政策名称	相关规定
2000 年 6 月 9 日	中国证监会对境内律师事务所发出《关于涉及境内权益的境外公司在境外发行股票和上市有关问题的通知》(证监发行字 [2000] 72 号,简称证监会"72 号文")	对于境内企业境外上市的合法性进一步做出规定,重申了"红筹指引"的精神,并对不属于红筹指引规范的境外上市情形,要求聘任境内律师向中国证监会报送关于涉及境内权益的境外公司在境外市场发行股票和上市事宜的法律意见书,以取得没有任何异议的同意函 (也称"无异议函")。这一通知成为境内企业包括民营企业境外上市必须遵循的条例
2001 年 11 月 8 日	对外贸易经济合作部与中国证监会联合推出《关于上市公司涉及外商投资有关问题的若干意见》(外经贸资发 [2001] 538 号)	对境外上市公司国内融资提出原则性条件
2003 年 4 月 1 日	中国证监会发布《关于做好第二批行政审批项目取消及部分行政审批项目改变管理方式后的后续监管和衔接工作的通知》(证监发[2003]17 号)	取消对中国律师出具的关于涉及境内权益的境外公司在境外发行股票和上市的法律意见书 (也称"无异议函") 的审阅
2003 年 11 月 20 日	中国证监会发布《关于废止部分证券期货规章的通知 (第四批)》(证监法律字 [2003] 15 号)	废止证监会"72 号文"
2004 年 7 月 21 日	中国证监会发布《关于规范境内上市公司所属企业到境外上市有关问题的通知》(证监发 [2004] 67 号)	规定境内上市公司所属企业到境外上市应符合的条件、应做出的决议、应履行的信息披露义务以及需报送的材料等
2006 年 5 月 6 日	中国证监会发布《上市公司证券发行管理办法》(证监令字第 30 号)	对上市公司在境内发行 A 股的条件、程序、信息披露等做出明确规定
2006 年 8 月 8 日	商务部、中国证监会、国家外汇管理局、国家工商总局、国家税务总局、国务院国资委六部委联合下发了《关于外国投资者并购境内企业的规定》(2006 年第 10 号令,简称"10 号令"或称"并购规定")	加强对中国公司以红筹方式到境外上市的监管,规定利用特殊目的公司①在境外上市 (即俗称的"小红筹上市"②)必须经过六部委的同意和审批
2007 年 6 月 12 日	中国证监会下发《境外中资控股上市公司在境内首次公开发行股票试点办法 (草案)》	为红筹股的回归提供了制度规范,设定允许发行 A 股的红筹股公司的具体条件、上市后信息披露问题等

---

① "10 号令"第三十九条指出,特殊目的公司系指中国境内公司或自然人为实现以其实际拥有的境内公司权益在境外上市而直接或间接控制的境外公司。

② 业内常将中小企业 (主要是民营企业)通过境外壳公司间接海外上市 (业内所称的"小红筹")。

此外，国资委也在很多场合多次表示了国资委对于国有企业交叉上市的态度：一方面，仍然鼓励央企海外上市；[①]另一方面，在境内资本市场成熟、条件允许的情况下，支持已在境外上市的大型国有企业回到国内资本市场上发行 A 股。

中国的资本市场起步较晚，市场运作过程中政府的干预是不容忽视的重要因素。中国公司的交叉上市行为，很多并不是资本市场自然选择的结果，而是听命于管理层的安排，这是我国资本市场尚不完善的表现。目前，在境外上市红筹股回归 A 股虽然不存在重大的法律障碍，但也需要从制度层面上进行一些调整，如发行主体与《公司法》和《证券法》相关规定的衔接问题，内地、香港市场的规则协调问题，现行外汇制度问题，等等。但从长远发展来看，通过完善法律和加强境内外市场监管的协调，红筹股回归 A 股的障碍都能得以消除。

第三节　中国公司交叉上市的特征分析

一、"先外后内"是中国公司交叉上市的最大特征

与国外"先内后外"的交叉上市顺序不同，我国由于资本市场起步较晚，发育不成熟，很多大型企业优先考虑境外资本市场，随着国内资本市场的逐步完善，大量优质企业纷纷"海归"，形成"先外后内"的交叉上市特征，这是我国公司交叉上市的最大特征。截至 2008 年 12 月 31 日，实现 A + H 交叉上市的中国公司共有 58 家，真正意义上在内地、香港实现两个市场 A 股、H 股同时同步、同股同价发行的上市公司只有中信银行和工商银行 2 家公司，另外有 6 家公司（中国中铁、中兴通讯、中国铁建、中国南车、晨鸣纸业、

---

① 即使是在金融风暴肆虐的 2008 年，国资委依然对海外上市持有支持态度。例如，2008 年 8 月 10 日，在国资委新闻发布会上，国资委主任李荣融表示，随着 A 股市场的不断完善，中央企业有了更多的选择权，但最终选择哪里上市由企业自主选择。

招商银行）先发行 A 股后发行 H 股，其余的 50 家公司均是先发行 H 股后发行 A 股的"先外后内"的发行模式。而 A + H + N 交叉上市的 11 家公司以及 A + H + L 的 9 家公司则全都是 N 股和 L 股先于 A 股发行。这种由发达市场向新兴市场的交叉上市顺序是我国资本市场发育相对不成熟、市场规模小、监管与信息披露水平相对较低条件下中国公司的一种现实选择，形成中国公司交叉上市的最大特征。事实上，从国际范围内来看，这种"先外后内"的"逆向"交叉上市现象在加拿大、以色列等国公司中也尤为普遍（Sarkissian 和 Schill，2009）。[①]

二、A + H 交叉上市是中国公司交叉上市的主要形式

由于地域、文化等多种因素的综合影响，香港是中国公司境外上市的主要市场，A + H 是中国公司交叉上市的最主要形式。自 1993 年青岛啤酒成为我国第一家交叉上市公司开始，截至 2008 年底，共有 110 家公司通过发行 H 股在香港主板上市，共筹集资金 8328 亿港元，市价总值达到 27202 亿港元，其中 58 家公司实现 A + H 交叉上市，这些公司大多是国内的大型优质企业，处于各行业的领先地位，在一定程度上体现了中国经济的整体发展水平和增长潜力。它们在香港市场上占据着越来越重要的地位，对香港市场的稳定和繁荣起着越来越重要的作用。

通过对 58 家 A + H 交叉上市公司的进一步分析整理，得到表 4.6 中的资料。

如前所述，1997 年是香港回归年，也是内地公司走向香港市场最多的一年，在全部 A + H 交叉上市的 58 家公司中，有 11 家公司在这一年发行 H 股；2007 年则不折不扣的是 H 股回归年，全年共有 14 艘"巨型航母"驶回 A 股市场，它们承载了太多的希冀和庞大的主题，所引发的轰动甚至被归结为当时的一种"社会现象"，恒指服务有限公司（现称恒生指数有限公司）还在 2007 年 7 月 9 日推出恒生 AH 股指数系列，专门追踪同时有 H 股在香港上市

表 4.6　按年份划分 A+H 交叉上市公司"出海"与"回归"的数量分布[①]

年份	"出海"公司数	"回归"公司数
1993	6	3
1994	5	3
1995	1	5
1996	6	2
1997	11	4
1998	2	1
1999	1	1
2000	3	1
2001	1	5
2002	1	5
2003	2	2
2004	5	0
2005	5	1
2006	4	6
2007	2	14
2008	3	5
合计	58	58

及 A 股在内地上市的公司之表现。这 14 家公司的回归为中国股改后时代加注了泾渭分明的新节点，对我国资本市场的意义远超越了上市融资本身：一方面，这些超大盘蓝筹股对 A 股市场具有足够的影响力，成为 A 股市场的"定海神针"，对股市起到稳定作用，使股指更准确地反映我国经济发展的面貌，并真正成为我国经济的"晴雨表"；另一方面，有利于改善我国股票市场结构，降低整体市盈率，改善 A 股的整体估值水平，促进 A 股市场成熟发展。

据统计，截至 2008 年底，除中新医药 A+S 交叉上市以外，其他所有境内外交叉上市的公司（包括在 A 股和境外的一地、两地、三地上市的公司）

[①] 这里的"出海"是指在香港市场发行 H 股上市，"回归"是指在内地市场发行 A 股上市。这里并未对 A 股与 H 股上市的时间先后顺序进行区分，即"回归"的公司中未必均是先"出海"而后再"回归"的。事实上，在表 4.6 2007 年的 14 家"回归"公司中，只有中信银行是 A 股、H 股同时上市的，中国中铁是先 A 股后 H 股，但两地上市时间间隔只有 4 天（按日历天数计算），其余 12 家公司均系先 H 股后 A 股，是真正意义上的回归。

无一例外地选择了香港市场。A＋H模式是符合我国国情的交叉上市主要融资模式，也将成为我国大型企业境内外融资的一种趋势。这一模式的最大优势在于便于沟通协调，可以根据实际需要在内地、香港两个市场间灵活分配融资额，确保融资活动足额、顺利地完成。目前，中国证监会对A＋H交叉上市给予了高度认可与赞同，并正在积极研究相关问题，酝酿修订与完善内地公司境外上市的有关监管规定，进一步加快国内市场与国际市场的接轨。

三、交叉上市的时间间隔正在缩短

图4.7是58家A＋H公司①境内外交叉上市时间间隔的散点图。横坐标是公司在沪深市场或香港市场首次上市的年份。1997年是内地企业赴港上市的高峰年，有12家A＋H交叉上市公司②在香港上市，其中只有东方航空和鞍钢股份2家公司是在1997年一年中在A、H实现交叉上市，时间间隔分别为273天③和154天，其余10家公司在两地上市时间间隔均超过3年。这从

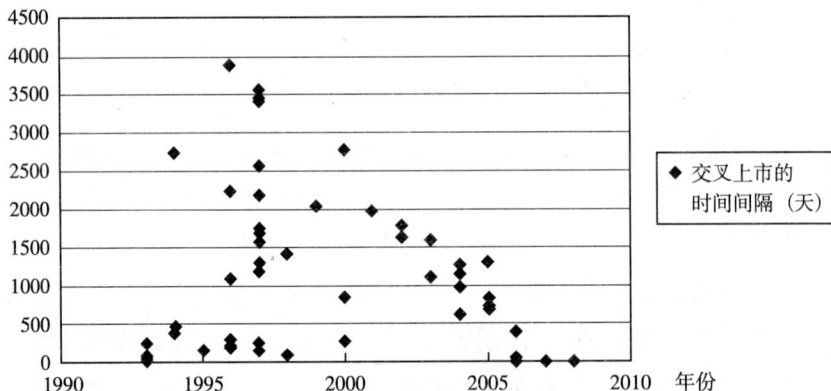

图4.7 A＋H公司境内外交叉上市时间间隔（天）（按公司统计）

---

① 这一部分只分析58家A+H公司在中国内地、中国香港上市的时间间隔，不对在纽约或/和在伦敦市场上交叉上市的中国公司进行分析，原因有二：一是从数量上看，后者远远不能和前者相比；二是绝大部分公司在纽约或/和在伦敦上市的时间与在香港上市的时间是同一天（间隔一天的是时差原因），或是十分相近。

② 其中11家公司是先H股后A股，中兴通讯是我国第一家先A股后H股交叉上市的公司，在A股发行7年多之后才在香港市场发行上市。因此在表4.6中，"出海"公司数是11家。

③ 这里的天数系日历天数，而非交易日天数，下同。

一定程度上反映了我国公司在交叉上市初期多带有行政色彩，而后来的上市决策则更多地体现为公司自主决策的市场行为。

图 4.8 进一步描绘 1993~2008 年 16 年间我国 A + H 交叉上市公司各年平均上市时间间隔。总体看来，进入 21 世纪以来，我国公司在内地、香港交叉上市的时间间隔呈现逐渐缩短的趋势。特别是 2006 年以后，总共有 7 家 A + H 交叉上市公司，它们全部在半年内实现 A 股和 H 股的上市融资，2007 年和 2008 年两地上市的时间间隔更是少于 5 天。2006 年的工商银行和 2007 年的中信银行则是迄今为止真正意义上实践 A 股、H 股同时同步、同股同价上市发行的两家公司，它们的成功上市得到了监管部门和业内的普遍认同。这种在境内外同时上市的模式特别适合于融资规模要求较大、国际化程度较高的公司。目前，中国证监会和国资委都在积极引导配合中央企业以 A + H 同时上市方式在境内外广泛融资。

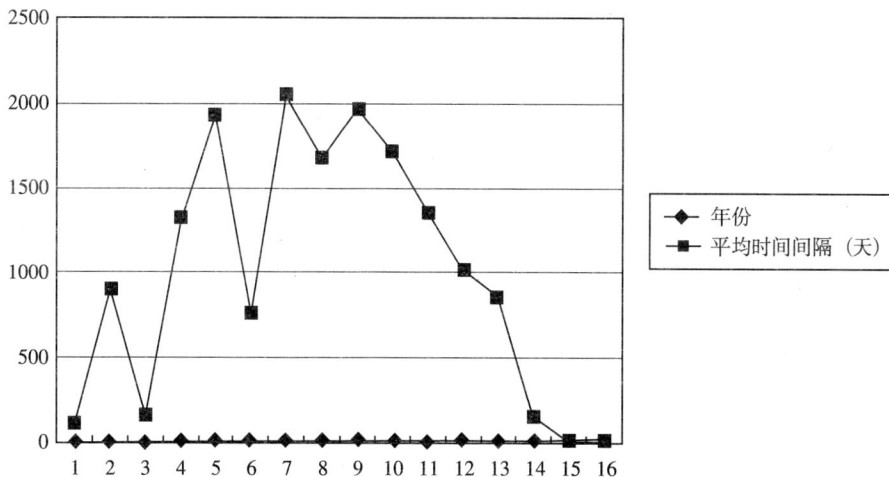

图 4.8　A + H 公司境内外交叉上市的平均时间间隔（天）（按年份统计）

四、股票价差正在缩小

境内外交叉上市股票价格差异问题一直是国内外学术界研究的热点问题。大量国外研究结果表明，在境内外市场分割的条件下，交叉上市的股票通常"同股不同价"，即同一家公司在境内外上市的股票存在价差。自 20 世纪 70

年代开始，学者们先后提出需求差异假说（Differential Demand Hypothesis）、投资者的风险态度假说（Differential Risk Hypothesis）、信息不对称假说（Asymmetric Information Hypothesis）和流动性假说（Liquidity Hypothesis）等从理论上解释这一现象。在国外交叉上市股票价差研究文献中，例如Eun和Janakiramanan（1986），[1] Hietala（1989），[2] Bailey 和 Jagtiani（1994）[3]，Stulz和Wasserfallen（1995）[4] 等，研究结论都是一致的，即可供境外投资者投资的外资股股价往往要高于向国内投资者发行的股票价格，也就是"外资股溢价"。然而，与欧美发达资本市场上的情形刚好相反，Bailey（1994），[5] Sun 和Tong（2000），[6] Fernald 和 Rogers（2002），[7] Wang 和 Jiang（2004），[8] Mei,Scheinkman 和 Xiong（2005）[9] 等通过研究发现，相对于我国内地市场的 A 股而言，B 股、H 股具有明显的"折价"。Bailey、Chung 和 Kang（1999）[10] 曾经对 11 个具有相似安排的国家进行检验，发现只有中国出现"外资股折价"，他们将这种中国特有的现象称为"中国股票市场的难解之谜"。

长期以来，由于我国内地股市自身制度性问题、投资者结构与构成、投

① Eun, Cheol S. Janakiramanan, S. A Model of International Asset Pricing with a Constraint on the Foreign Equity Ownership. Journal of Finance, 1986, 41 (4): 897–914.

② Hietala, Pekka T. Asset Pricing in Partially Segmented Markets: Evidence from the Finnish Market. Journal of Finance, 1989, 44 (3): 697–718.

③ Warren Bailey, Julapa Jagtiani. Foreign Ownership Restrictions and Stock Prices in the Thai Capital Market. Journal of Financial Economics, 1994, 36 (1): 57–87.

④ René M. Stulz, Walter Wasserfallen. Foreign Equity Investment Restrictions, Capital Flight, and Shareholder Wealth Maximization: Theory and Evidence. Review of Financial Studies, 1995, 8 (4): 1019–1057.

⑤ Warren Bailey. Risk and Return on China's New Stock Markets: Some Preliminary Evidence. Pacific Basin Finance Journal, 1994, 22 (2): 243–260.

⑥ Qian Sun, Wilson H. Tong. The Effect of Market Segmentation on Stock Prices: The China Syndrome. Journal of Banking and Finance, 2000, 24 (12): 1875–1902.

⑦ John Fernald, John H. Rogers. Puzzles in the Chinese Stock Market. Review of Economics and Statistics, 2002, 84 (3): 416–432.

⑧ Li Jiang, Steven Shuye Wang. Location of Trade, Ownership Restrictions, and Market Illiquidity: Examining Chinese A–and H–shares. Journal of Banking and Finance, 2004, 28 (6): 1273–1297.

⑨ Jianping Mei, Jose Scheinkman, Wei Xiong. Speculative Trading and Stock Prices: Evidence from Chinese A–B Share Premia. 2005, New York University Finance Working Paper, FIN–03–017.

⑩ Warren Bailey, Y. Peter Chung, Jun–koo Kang. Foreign Ownership Restrictions and Equity Price Premiums: What Drives the Demand for Cross–Border Investments? Journal of Financial and Quantitative Analysis, 34, 489–512.

资理念等方面的原因，A 股市盈率高于海外成熟市场（详见表 4.7 和图 4.9）。境内外市场间市盈率的差异反映到新股发行价格上，同一家公司在国内市场的发行价格高于国外市场的发行价格，[①] 有些公司价格甚至高出一倍以上，这就意味着同一家公司在国内市场上市比在国外市场上市可以融得更多的资金。这种 A 股对 H 股的溢价，或称 H 股对 A 股的折价现象显然无法通过海外上市的直接利益进行解释，[②] 也有悖于其他国家海外上市的实践操作。"H 股折价之谜"甚至成为我国一些学者反对国有企业海外上市的重要理由之一。[③]

表 4.7 国内外证券市场平均市盈率比较

年份	中国上海	中国深圳	中国香港	纽约
1993	42.48	44.21	13.15	16.15
1994	23.45	10.67	21.59	14.71
1995	15.70	9.80	11.44	13.89
1996	32.65	38.88	16.69	15.71
1997	39.86	42.66	12.10	18.58
1998	34.38	32.31	10.66	21.88
1999	38.14	37.56	26.73	25.13
2000	59.14	58.75	12.80	22.85
2001	37.59	40.76	12.18	31.06
2002	34.50	38.22	14.89	29.00
2003	36.64	37.43	18.96	27.88
2004	24.23	25.64	18.73	20.44
2005	16.38	16.96	15.57	18.85
2006	33.30	32.72	17.37	18.16
2007	59.24	72.11	22.47	NA[④]
2008	14.85	16.72	7.26	NA[⑤]

资料来源：1993~2007 年国内市场数据来自《中国证券期货统计年鉴 2008》，2008 年国内市场数据来自《2008 中国上市公司市值管理年度报告》，1993~2006 年中国香港、纽约市场数据来自中国深圳证券交易所综合研究所市场研究小组研究报告《股市市盈率中外比较研究》（2007 年 7 月 30 日），2007 年和 2008 年香港市场数据来自香港交易所市场资料（2008）。

---

① 少数年份出现过 H 股价格高于 A 股的情况，例如 1994~1995 年。

② 对海外上市利益的直接解释是当国内市场对股价低估而国外市场对股价高估的情况下，公司利用境外价格相对高的机会来进行海外融资。

③ 国内一些学者认为大型优质国有企业海外上市折价，特别是发行价过低，会导致国有资产流失，并抑制国内市场的发展，因而反对国有企业海外上市。

④ 数据缺失。

⑤ 数据缺失。

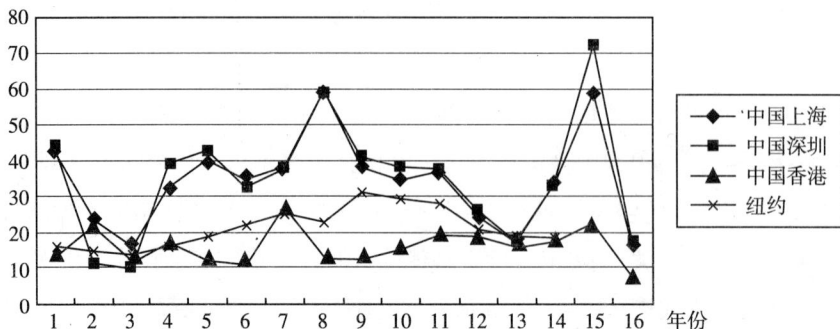

图 4.9　1993~2008 年国内外证券市场平均市盈率比较

近年来，随着中国资本市场改革开放程度的不断推进，市场间分割因素逐步减弱，境内外交叉上市股票价差呈缩小趋势。特别是 A–H 股溢价率逐渐降低，香港市场的 H 股企业上市之后价格有了较大幅度的攀升，而对应的 A 股价格却快速回落。2007 年 9 月以后，受港股直通车以及大型中资股回归 A 股的刺激，H 股升势凌厉，涨幅明显超过 A 股，A–H 股平均溢价明显下降。

2008 年的金融危机是对全球股市估值中枢的剧烈冲击。2008 年前三个季度 A–H 溢价率呈现振荡走低的格局，内地市场在挤压"股市泡沫"的过程中遭受巨大痛苦。从具体股票价差来看，已经出现 H 股相对 A 股负溢价的现象。[①]进入第四季度，内地股市在政府救市政策的支撑下跌幅减缓，而香港市场作为国际金融市场的重要组成部分，严重地受到美国股市暴跌的联动影响，A–H 溢价率又逐渐提升。有数据显示，2008 年 9 月上旬该溢价率到达个位数的极限之后，在短短的时间内该溢价率从低位的 10%曾经迅速摸高过 76%，目前重新稳定在 40%附近。截至 2009 年 1 月底，58 只 A+H 交叉上市股平均 AH 股价比为 1.90，[②]中国平安、中国铁建、海螺水泥 3 只 H 股价格高于对应 A 股价格。

事实上，导致交叉上市股票价差的原因多种多样，异常复杂，既有市场、行业等宏观因素，也有企业的微观因素。我国已有诸多学者，例如王维安、

[①] 2008 年 8 月末，受金融危机影响最为严重的金融、建筑等板块的 12 只 A+H 股票出现负溢价。
[②] AH 股价比 = A 股价/H 股价×汇率，2009 年 1 月 30 日汇率为港元：人民币为 100：88.127。

白娜（2004），① 刘昕（2004），② 李大伟等人（2004），③ 吴世农和潘越（2005），④ 韩德宗（2006），⑤ 吴战篪（2007），⑥ 等等，验证了信息不对称、流动性差异、需求弹性和风险偏好差异等这些传统因素成为 AH 股价差的原因，同时也提出上市地点、发行参照标准、外汇兑换风险、证券市场体制因素、估值理念差异等多方面因素均对 AH 股价具有影响。根据有效市场假说，市场间存在价格差异时可以通过套利行为最终消除市场间的价格差异，但是 Fernald 和 Rogers（2002）⑦ 发现，由于上市公司和国内投资者的套利行为均存在着很高的成本，套利行为是有限的，因此套利并不足以消除价格差异性。尽管近些年 A–H 溢价率有一定程度的降低，但是由于流动性差异、投资理念差异等一系列软分割因素的影响，A–H 股的价差将仍然存在，并呈现出动态化和多样化的特征。

① 王维安，白娜. A 股与 H 股价格差异的实证研究. 华南金融研究，2004（4）：31–39.

② 刘昕. 中国 A 股、H 股市场分割的根源分析. 南开管理评论，2004，7（5）：19–23.

③ 李大伟，朱志军，陈金贤. H 股相对于 A 股的折让研究. 中国软科学，2004（1）：37–42.

④ 吴世农，潘越. 香港红筹股、H 股与内地股市的协整关系和引导关系研究. 管理学报，2005（2）：190–199.

⑤ 韩德宗. A 股和 H 股市场软分割因素研究——兼论推出 QDII 的步骤和时机. 商业经济与管理，2006，（3）：42–46.

⑥ 吴战篪. 解释与证据：基于估值理念差异下的 A 股与 H 股价差. 2007，（6）：16–23.

⑦ John Fernald，John H. Rogers. Puzzles in the Chinese Stock Market. Review of Economics and Statistics，2002，84（3）：416–432.

第五章　交叉上市的资本成本效应研究：理论框架构建

第一节　资本成本的理论解析

"资本成本"是公司理财活动中最为核心的、内涵最为丰富的一个概念（汪平，2008）。[①] 然而，长期以来，在我国公司财务理论与实务界中，普遍存在着漠视资本成本理念以及扭曲资本成本概念的现象。事实上，资本成本理念的形成与确立也有一个发展过程，随着人们认识的逐渐深化，资本成本在公司理财活动中的重要价值日益凸现出来。但是，时至今日，关于资本成本的诸多理论与实务问题尚未得到彻底澄清。

一、资本成本的内涵

我国的辞海中指出，"概念不是永恒不变的，而是随着社会历史和人类认识的发展而变化的"。[②] 然而，在人类初次认识某些并不熟知的概念时，直觉的想象往往诱使我们望文生义，将这个"并不熟知的概念"与我们头脑中长期禁锢形成的原有认知结构建立起联系，从而产生错觉，最终导致对概念认

[①] 汪平. 财务理论（修订版）. 北京：经济管理出版社，2008.
[②] 辞海. 上海：上海辞书出版社，1979.

知的偏差。著名经济学家汪丁丁教授在他的博客专栏里写道："从概念到概念的想象，恕我直言，是这个被称为'知识时代'的人类的通病。就想象的本性而言，它根本不能借助于概念，而必须依赖于直觉"。[①] 资本成本正是我国公司理财学中被赋予想象最丰富的一个概念。

在公司财务理论的历史演变过程中，资本成本很早就被人们关注。1958年，MM 在其著名的《资本成本、公司财务和投资理论》[②] 一文中，提出了作为理财学奠基石的 MM 理论，由此揭开了资本成本和资本结构研究的序幕。他们指出，任何公司的市场价值与其资本结构无关，而是取决于将其预期收益水平按照与其风险程度相适应的折现率进行资本化。这其中的"与其风险程度相适应的折现率"就是资本成本。目前关于资本成本最权威的定义来自于著名的《新帕尔格雷夫货币金融大辞典》，"资本成本是商业资产的投资者要求获得的预期收益率。以价值最大化为目标的公司经理把资本成本作为评价投资项目的贴现率或最低回报率"。[③] 西方财务理论界对资本成本的定义主要有[④]："资本成本是企业为了维持其市场价值和吸引所需资金而在进行项目投资时所必须达到的报酬率"，"资本成本是企业为了使其股票价格保持不变而必须获得的投资报酬率"。MM（1966）[⑤] 认为，"在企业现有的投资者看来，资本成本是一项实物资产投资可以被接受时应具有的最低预期收益率"。

在我国大多数的理财学教材中，资本成本最为常见的定义是"企业为筹集和使用资金而付出的代价，包括资金筹集费和资金占用费两部分"。这一概念显然源自传统会计中成本的思维范式，是以往作为静态要素成本的观念。[⑥]

① 汪丁丁. 必要的疯狂. 博客中国，2003 年 12 月 3 日 9 时 24 分，http://www.blogchina.com/2003120318089.html.
② 本文发表在美国经济学会（American Economic Association）出版的《美国经济评论》（The American Economic Review）1958 年 6 月，第 261–297 页.
③ 新帕尔格雷夫货币金融大辞典（第一卷）. 北京：经济科学出版社，2000：470.
④ 引自 Lawrence J.Gitman, Principles of Managerial Finance, 6th edition, p.443. Harper Collins Publishers, 1991.
⑤ Merton H. Miller, Franco Modigliani. Some Estimates of the Cost of Capital to the Electric Utility Industry, 1954–57. The American Economic Review, 1966, 56 (3): 333–391.
⑥ 关于资本成本概念在我国的混乱以及资本成本与资金成本概念的辨析，在很多学术论文中都已经作了详尽的分析，本书在此不再赘述。

我国注册会计师全国统一考试指定教材《财务成本管理》中对资本成本概念的界定相对准确，资本成本是"公司可以从现有资产获得的、符合投资人期望的最小收益率。它也称为最低可接受的收益率、投资项目的取舍收益率"。[①]可以看出，我国理财界已经逐渐意识到以往对资本成本概念的扭曲，正在逐步接受其真正内涵。

伴随公司财务理论研究与实践发展的逐步深入，资本成本的概念在国际范围内已经基本得到认可。资本成本是投资者要求的必要报酬率，现代财务理论正是基于资本成本概念的一种理论架构（汪平，2008）。[②]

二、资本成本的本质

概念是事物本质属性的高度概括，探究资本成本的本质是科学理解资本成本内涵的进一步深化。从本质上说，资本成本是机会成本。

关于机会成本，不同的学者给出了相似的定义。当代西方主流经济学即新古典经济综合学派的代表学者萨缪尔森（Paul A. Samuelson）将机会成本作为经济学的基础知识，"在存在稀缺的世界上，选择一种东西意味着需要放弃其他一些东西。一项选择的机会成本是相应的所放弃的物品或劳务的价值"。[③]美国哈佛大学著名教授曼昆（N. Gregory Mankiw）索性将机会成本作为经济学十大原理之一，将其定义为"为了得到某种东西所必须放弃的东西"。[④]《新帕尔格雷夫经济学大辞典》中对机会成本定义如下，"是对大多数有价值的、被舍弃的选择或机会的评价或估价。它是这样一种价值，为了获得选择出来的对象所体现更高的价值所做的放弃或牺牲"。[⑤]

经济学家将成本定义为"机会成本"。汪丁丁（1996）[⑥]指出，机会成本

---

① 中国注册会计师协会. 财务成本管理. 北京：经济科学出版社，2007.

② 汪平. 财务理论（修订版）. 经济管理出版社，2008.

③ 保罗·萨缪尔森（Paul A. Samuelson）. 微观经济学. 第十七版. 萧琛主译. 人民邮电出版社，2004.

④ N·格利高利·曼昆（N. Gregory·Mankiw）. 经济学原理.《经济科学译丛》编辑委员会译. 机械工业出版社，2005.

⑤ 约翰·伊特韦尔，默里·米尔盖特，彼得·纽曼. 新帕尔格雷夫经济学大辞典. 中文版，第三卷. 经济科学出版社，1996.

⑥ 汪丁丁. 在经济学与哲学之间. 中国社会科学出版社. 1996.

的两个要素是：①任何成本都是选择的成本；②任何成本都是对于某一个人的主观价值判断而言的成本。因此，成本概念是建立在人们依据主观价值标准做出选择的基础之上的。不存在选择，便不存在成本，也不存在独立于人们行为选择的"客观价值"基础上的成本。在现代公司财务理论中应用了经济学的成本概念，将资本成本的本质概括为"公司向投资者所支付的一种机会成本"。在公司实践中，投资者比较各个方案的未来预期价值，遵循价值最大化原则进行投资决策。由于资源的稀缺性，投资者将资本投资于一个项目，就不能再投入另一个项目，次优方案的估计价值成为投资者主观上认定的一种损失，这是丧失投资另一项目可获得的潜在收益，也就是投资者投资的机会成本。因此，投资者所选投资项目要求的报酬率至少能提供不低于机会成本的收益，而对于投资报酬的提供者——公司而言，这就是资本成本。因此，资本成本的本质是机会成本。

三、资本成本与投资者要求的报酬率

资本成本产生的动因是企业的投资行为，资本成本是投资者"要求的""必要"报酬率，由投资者决定，这是定义资本成本的关键。

资本成本是沟通公司、投资者与资本市场的一个重要财务概念。公司的生产经营活动存在一定的风险，投资者是风险的最终承担者，投资者所要求的报酬率会随所投资企业或项目的风险水平而异。企业无法左右投资者所要求的报酬率，亦即无法决定资本成本。资本成本强调的是公司投资者的权利，是公司投资者不可剥夺的神圣权利，宋琳（2006）[①] 将其定义为投资者的一项产权，资本成本产权的确定，使得投资者的利益得到了进一步的明确和保护。

资本成本是投资者根据其资本投向的选择来决定的，完善的投资环境和理性的投资选择，是投资者确定投资报酬率水平的市场背景。在现代金融体系下，投资者要求的报酬率水平是通过资本市场决定的。因此，资本成本不是企业自己设定的，而是由资本市场评价得出的，必须到资本市场上去发现

---

① 宋琳. 资本成本缺位与我国资本市场功能缺陷. 厦门大学 2006 届博士论文.

（朱武祥，2000）。[①]

四、资本成本与理财目标

关于公司理财目标，目前在财务理论界已达成共识——企业价值最大化与股东财富最大化成为并驾齐驱的两大主流财务目标。在西方财务理论界，股东财富最大化与企业价值最大化被认为是同一概念的不同表述。[②]

"天下熙熙，皆为利来；天下攘攘，皆为利往"。[③] 古往今来，利益与财富是人类社会追求的永恒话题。美国著名法学家米尔顿·弗里德曼（Milton Friedman）曾经直言，"公司的社会责任就是为股东们赚钱"。[④] 资本成本从根本上反映了股东财富最大化的理财目标。

资本成本是现代公司制的产物，是伴随着两权分离而产生的。Shleifer 和 Vishny（1997）[⑤] 认为，公司治理的中心任务是要保证资本供给者包括股东和债权人的利益，从而为公司投资者获取投资报酬提供保护机制。在所有权和经营管理权分离的现代公司中，理性的投资者会在风险与报酬相互权衡的基础上，提出自己满意的报酬率，并以此作为对经营者让渡经营管理权的基本要求。在公司治理体系中，管理者的基本义务就是要通过自己的创新性活动，在生产经营活动中，带来足以使股东满意的收益，实现股东财富的持续增加。为了顺利履行这一管理义务，管理者必须寻找理想的资本投资机会，这种投资项目所创造的现金流量在弥补了股东的要求报酬之后最好还有必要的剩余，以推动企业的发展（汪平，2008）。[⑥]

---

① 朱武祥. 资本成本理念及其在企业财务决策中的应用. 投资研究，2000（1）.

② 从严格意义上讲，股东财富最大化并不能完全等同于企业价值最大化，二者在具体内涵、计量方式、利益主体等多方面存在差异。但是，对于这两种理财目标，中外学者与权威文献并未严格加以区分，一般认为，股东财富最大化与企业价值最大化是一致的。

③ 此言的准确出处至今已无法准确考证，春秋战国年代的孔子、孟子抑或是老子，曾对天下芸芸众生为利益所累做出精辟概括。西汉时期司马迁的《史记》的第一百二十九章"货殖列传"中对这句话有所记载。

④ Milton Friedman. The Social Responsibility of Business is to Increase its Profits. New York Times Magazine, September 13, 1970.

⑤ Andrei Shleifer, Robert W. Vishny. A Survey of Corporate Governance. Journal of Finance, 1997, 52（2）: 737–783.

⑥ 汪平. 财务理论（修订版）. 北京：经济管理出版社，2008.

因此，建立现代企业制度必须考虑投资者要求的必要报酬，健全的公司治理机制与对投资风险报酬的尊重是资本成本的体现。没有科学的理财目标理论，便不会有理性的公司理财行为；没有科学的资本成本观念，便不会有正确的理财目标理论。资本成本是现代公司理财目标的根本反映。

五、资本成本与公司融资行为

资本成本产生的动因并非企业的融资行为，但是在理性的资本市场中，上市公司给予投资者的最低回报必须达到投资者要求的报酬，即资本成本，否则公司根本无法获得投资者的青睐。也就是说，资本成本对于公司融资决策具有强硬的约束力，公司的融资行为必须以对资本成本的满足为出发点，资本成本的高低决定了企业的融资方式。

按照西方财务理论，企业在选择融资方式时，一般都要遵循"啄食顺序理论"，即公司为了资本性投资而进行融资时，首先是使用内部留存收益，其次是向外部举债筹资，最后才是发行股票。也就是说，公司偏好内源融资，而在外源融资中，公司偏好资本成本更低的债务融资，发行股票由于其资本成本相对较高成为公司的最后选择。

但是，长期以来，由于中国证券市场自身制度性缺陷以及上市公司治理无效，阻碍了资本成本对上市公司融资决策的约束，一个突出表现就是我国公司的股权融资偏好——在公司进行股权融资时无视股权资本成本，认为发行股票可以获得"免费的资本"。这一融资行为无法从资本成本视角进行科学的诠释。现代公司财务理论告诉我们，公司各项财务决策不是彼此孤立的，融资决策、投资决策、股利决策是一个不可分割的完整系统。因此，在我国上市公司资本成本质量普遍低下，甚至在公司根本无视资本成本观念的情况下，这种融资决策的短视进一步导致了中国公司的一系列问题，例如低股利政策和股利政策的随意性。

第二节　资本成本效应度量方法：国际视角

股权资本成本是财务学最早研究的经典课题，也是现代财务理论历经半个世纪的发展而未能最终解答的研究难题。国际资本市场上股权资本成本的计算问题是公司财务领域长期未解决的棘手问题，在这方面，无论是学术界还是实务界一直存在很大争议，争论的焦点在于市场风险的计量。虽然理论上有很多方法可供使用，但是现实中这些常用的方法有苛刻的限制条件，很难进行理想的解释。本节将为中国公司交叉上市资本成本效应的度量提供理论依据。

一、资本成本度量理念：风险与报酬的权衡

资本成本是投资者对企业未来风险与报酬的权衡，取决于投资者对企业未来现金流量及其风险程度的判断，同时，也决定了企业对于投资者利益满足的尺度。在很多情况下，资本成本与实际的现金流支付义务之间没有直接关联，但却通过理财目标对财务决策的约束来敦促企业管理层高度关注资本成本问题。没有对资本成本性质的无偏的了解，对资本成本的科学估算便无从谈起。而一个没有资本成本理念的股票市场，是一个没有灵魂的市场空壳，终将无益于社会财富的有效配置（汪平，2008）。[①]

现代金融体系特别是资本市场的发展，扩大了投资者的投资范围，金融资产成为区别于传统实物资产的一种极其重要而特殊的投资品种。风险性和收益性是金融资产最大的特点，即投资的未来现金流是不确定的，投资者需要提高收益获得风险报酬作为补偿。

风险与报酬是金融学的一对基本概念，也是企业理财实务中必须处理的一对基本矛盾。现代投资组合理论通过风险、风险报酬、投资组合和 β 值等

---

① 汪平. 财务理论（修订版）. 北京：经济管理出版社，2008.

一系列科学概念，研究了投资者在存在风险的市场中如何权衡风险与报酬之间的关系，确定合理的报酬率水平。任何报酬都是与一定的风险程度相对应的，投资者要求的报酬率，即企业的资本成本，是企业在投资决策中必须予以确保的报酬率水平，取决于投资项目风险水平的高低。也就是说，资本成本的高低归根结底是由风险程度的大小决定的，是与投资风险程度相适应的报酬率水平，是资本市场与投资风险以及投资者偏好之间相互共同作用的结果。

二、资本资产定价模型

综观股权资本成本度量的研究文献，主要有两条思路：一是基于市场风险，从市场对风险定价的角度开展研究；二是基于收益贴现，从公司未来收益贴现的角度开展研究。从股权资本成本度量的基本理念来说，资本成本水平取决于证券市场，取决于证券市场上同等风险情况下投资者所能获得的平均报酬率水平。因此，资本成本的计量应当充分体现风险与报酬的关系。

计量风险[1] 最简单、最著名的方法是 Sharpe（1964），[2] Lintner（1965）[3] 和 Mossin（1966）[4] 几乎同时提出的资本资产定价模型（Capital Asset Pricing Model，CAPM）。这一模型最初用美国数据提出并应用，包括 Fama 和 MacBeth（1973），Gibbons（1982），Stambaugh（1982）等在内的很多经典的实证研究均为这一模型提供了支持证据。CAPM 的出现标志着现代财务理论在资本经济时代的飞跃发展，作为公司理财学、金融学、投资学的经典模型，CAPM 在世界各国学术界和实务界广泛应用，并引领了西方金融理论的一场革命。

CAPM 以马科维茨（H.Markowitz）教授的现代资产组合理论（Portfolio Theory of Financial Assets）为基础，第一次在不确定条件下，建立起资本风

---

① 准确地说，CAPM 计量的是系统风险，这一点在下文中有详细阐述。

② Sharpe, William F. Capital Asset Prices: A Theory of Market Equilibrium under Conditions of Risk. Journal of Finance, 1964, 19（3）: 425–442.

③ Lintner, L. The Valuation of Risk Assets and the Selection of Risky Investments in Stock Portfolios and Capital Budgets. Review of Economics and Statistics, 1965, 47: 13–37.

④ Mossin, J. Equilibrium in a Capital Asset Market. Econometrics, 1966, 34（4）: 768–783.

险与报酬的关系。风险可以划分为系统风险和非系统风险两种类型。系统风险（Systematic Risk）也称市场风险（Market Risk），是指那些影响整个市场的公司外部风险因素，诸如战争、经济衰退、利率波动等所引起的风险，这种风险是所有公司都会同时地、共同地受到有利或不利的影响，因而无法通过证券投资组合分散化消除，因此又称不可分散风险（Non-Diversifiable Risk）。非系统风险（Unsystematic Risk）也称公司特有风险（Company-specific Risk），是指由于个别公司或行业所特有的因素，诸如公司诉讼、罢工、成功或失败的研发活动、获得或失去重要客户等所引起的风险，这种风险只对发行股票的公司报酬水平产生影响，不会影响市场上的其他公司，因而可以通过适当的证券投资组合来分散化消除，因此又称可分散风险（Diversifiable Risk）。有关调查表明，随机选择 15~20 种股票已经足以抵消大部分的非系统风险。随着投资组合中持有的证券种类和数量的增多，投资组合的非系统风险持续下降，而且这种下降的速度呈递减趋势，最终投资组合的总风险趋近于系统风险。因此，如果非系统风险没有通过科学组合的方式予以分散的话，承担这种风险将是毫无报酬的。承担系统性风险，意味着对整个市场所做出的贡献，提高的报酬率就是对这种风险承担的一种补偿（汪平，2008）。[①] 基于此，CAPM 揭示出在均衡状态下证券风险与报酬之间关系的经济本质。

CAPM 建立在一系列严格的假设之上：

（1）市场是由理性而厌恶风险的、力图使其单期财富的期望效用最大化的投资者组成。他们以资产组合的期望报酬的均值和标准差度量风险和收益，进行资产组合的投资选择。

（2）所有投资者拥有相同的预期，即对所有资产预期报酬的均值、方差和协方差等，投资者均有完全相同的主观估计，并且他们的预期都建立在一个共同的持有期（如一年）之上。[②]

（3）市场存在无风险资产，所有投资者均可以按无风险利率、不受限制地借入或贷出资金。

---

① 汪平. 财务理论（修订版）. 北京：经济管理出版社，2008.
② 这也被称为一致预期假设。

（4）所有的资产均可被无限细分，[①] 均具有充分的流动性且没有交易成本。

（5）没有税金。

（6）资本市场没有摩擦，[②] 所有投资者均可免费获取信息，没有任何一个投资者的买卖行为能左右市场，所有投资者均为价格的接受者。

（7）所有资产的数量都是给定的，并且固定不变。

在这些苛刻的假设下，标准的 CAPM 建立起风险与报酬之间的均衡关系，由于非系统风险可以通过资产组合加以分散，因此资产的报酬率仅与系统风险有关，等于无风险报酬率加上由于系统风险而要求的风险溢价。用公式表达为：

$$R_i = R_f + \beta_i (R_m - R_f) \tag{5.1}$$

式中，R_i 表示第 i 种资产的预期报酬率，R_f 表示无风险报酬率，R_m 表示市场组合的预期报酬率，$R_m - R_f$ 表示单位系统性风险所要求的风险溢价，β_i 表示第 i 种资产报酬的变动相对于市场平均资产报酬变动的数量关系。

CAPM 的提出受到了美国学者乃至国际学术界的极大认可与高度赞许，同时也得到了世界各国的实证检验。Graham 和 Harvey（2001）[③] 对美国公司 CFO 做的一份调查发现，对于权益资本成本的计算，73.49% 的选择是采用 CAPM，34.29% 选择多贝塔 CAPM。无疑，在股权资本成本计量方面，CAPM 提供了迄今为止最为充分、最为强大的理论支持。

然而，CAPM 建立在苛刻的前提假设基础上，现实中的资本市场是动态的、复杂的，这些假设并不符合现实情形，这便导致了这一模型在理论上有其固有的局限性，国际学术界与实务界长期以来就此一直存在广泛的争议。但是，历经近半个世纪的理论发展与实证检验，CAPM 在现代金融领域的巨大功用是有目共睹的。一个完整、系统而严谨的理论框架，其中十分重要的构成要素就是相关的前提假设，设定理论的分析前提。现代财务理论，尤其

---

① "无限细分"是指投资者可购买资产的任一部分，以保证投资者可以以任何比例分配其投资。资产的细分程度与其流动性通常呈正比例关系，细分程度越高，流动性越强；细分程度越低，流动性越弱。

② 摩擦是指影响整个市场上的资本和信息自由流通的障碍。

③ John R. Graham, Campbell R. Harvey. The Theory and Practice of Corporate Finance：Evidence from the Field. Journal of Financial Economics, 2001（60）：187–243.

是各种西方纯粹的学说，多是在极其严格的理论假设下构造出异常完美的理论模型。那些极端苛刻的前提假设是对现实做出的高度抽象与概括，旨在对各种财务现象及其相互之间的相关性进行本质的精髓性分析。以此经过严谨的推导、证明出来的理论才真正具有坚实的理论基础，这样的理论才能达到解释现实、预测未来的实用价值。胡适先生的"大胆假设，小心求证"也是这个道理。

在标准 CAPM 的基础上，衍生了大量资产定价的后续研究。这些研究不外乎是放松了某些前提假设，对该模型进行变量调整和扩展，以使得新的理论模型更加贴近现实，从而加深我们对现实世界的理解。但是，这并不意味着否定 CAPM 作为理论基准的重要意义。资产定价实质上是风险与收益间的衡量与判断，包括理论与实证两大部分。理论家提出可检验的模型，而实证研究则发现"困惑"或者"矛盾"，即实际与理论不符的部分，从而推动新的理论出现，这也是任何科学演进的一般过程（蔡卫光，2006）。[1]

三、国际资本资产定价模型

Harvey（2005）[2] 对国际资本成本（International Cost of Capital）的度量进行了客观的总结，指出国际资本成本研究的重点是系统性风险，即不可分散风险，投资者对于系统风险是需要回报的，高系统风险要求得到高预期报酬。在他全面归纳出的 12 个国际资本成本计量模型[3] 中，有半数以上都是建立在 CAPM 基础上的。因此，CAPM 是境内外交叉上市公司股权资本成本计量的首选方法。

在国际资本市场中，完全的一体化尚未实现，各国投资者以本国货币进

---

[1] John Y. Campbell. Asset Pricing at the Millennium. The Journal of Finance，2000，55（4）：1515–1567. 节选自蔡卫光. 开放条件下的国际资产定价模型的解析与检验. 现代财经，2006，26（4）：60–63.

[2] Campbell R. Harvey. 12 Ways to Calculate the International Cost of Capital. Duke University Working Paper，2005，Available from http://faculty.fuqua.duke.edu/~charvey/Teaching/BA456_2006/Harvey_12_ways.pdf.

[3] 这 12 个模型是：世界 CAPM、世界多因素 CAPM、Bekaert–Harvey 混合模型（分段或完整的 CAPM）、国家差价模型（Goldman 模型）、隐含国家差价模型、国家差价波动率模型、达摩达兰（Damodaran）模型、Ibbotson–Bayesian 模型、隐含资本成本模型、CSFB 模型、全世界预期报酬相同模型以及信用评级模型（Erb–Harvey–Viskanta 模型）。

行投资，且他们的风险偏好存在差异，市场分割因素、汇率因素等都会影响
股权资本成本的高低，但 CAPM 仍不失为交叉上市资本成本计量最理想的方
法。Stulz（1981）[1]指出，如果没有一个在完全整合市场中资产定价模型的
话，根本无法确定资产市场是否存在国际分割。在金融经济领域中的很多问
题都是建立在市场是国际范围内分割或整合的假设基础上的。可见，CAPM
是完全分割和部分分割市场下国际资本资产定价模型（International CAPM，
以下简写 ICAPM）的理论基础。

随着资本在世界范围的广泛流动，大量西方学者致力于在开放的国际资
本市场中应用 CAPM，经过 Black（1974），[2] Solnik（1974），[3] Sercu（1980），[4]
Stulz（1981），[5] Adler 和 Dumas（1983）[6] 等诸多学者的不懈努力，ICAPM 已逐
渐形成资本资产定价理论中一个独立的理论分支。经过 30 多年的理论探
索，ICAPM 的基本模型不断发展演进，在逐步放松基本假设的过程中先后
形成了单因素模型、两因素模型、多因素模型等多个拓展模型。这些理论
模型成功地应用于实证检验，对交叉上市公司资本成本效应的解释能力不断
增强。

（一）单因素 ICAPM

早期的研究将封闭条件下的国内 CAPM 扩展运用到开放环境中的国际资
本市场，除了满足 CAPM 的假设条件以外，ICAPM 还要增加两条使得市场趋
于完美的基本假设：①国际资本市场是完全一体化的，世界各国投资者具有
相同的消费机会集合，不存在任何对外国投资者的人为或自然的投资障碍；

① René M. Stulz. A Model of International Asset Pricing. Journal of Financial Economics, 1981, 9 (4): 383-406.

② Fischer Black. International Capital Market Equilibrium with Investment Barriers. Journal of Financial Economics, 1974, 4 (1): 337-352.

③ B. H. Solnik. An Equilibrium Model of the International Capital Market. Journal of Economic Theory, 1974, 8 (4): 500-524.

④ Sercu, P. A Generalization of the International Asset Pricing Model. Revue de l'Association Francaise de Finance, 1980 (1): 91-135.

⑤ Stulz, R. On the Effects of Barriers to International Asset Pricing. Journal of Finance, 1981 (25): 783-794.

⑥ Adler, M, B.Dumas. International Portfolio Choice and Corporation Finance: A Synthesis. Journal of Finance, 1983, 38 (3): 925-984.

②在任意时点上，国际间购买力平价（PPP）都严格成立，两国价格水平（通货膨胀水平）变动通过汇率及时进行反映，不存在汇率风险。这样投资者可以自由进出各国资本市场，以任意币种自由拆入或拆出资金。与传统的CAPM不同的是，由于国际范围内投资者的投资机会扩大，形成国际投资组合，风险资产的要求报酬率成为国际投资组合的函数。单因素ICAPM的基本公式如下：

$$R_i = R_f + \beta_{iw}(R_w - R_f) \tag{5.2}$$

式中，R_i表示资产 i 的预期报酬率，R_f表示国际市场无风险报酬率，R_w为国际市场投资组合的预期报酬率，β_{iw}表示资产 i 的国际 β 系数，表示其在国际资本市场上的系统风险，它反映了资产 i 对国际市场的敏感度，定义为$Cov(R_i, R_w)/Var(R_w)$。

单因素ICAPM作了很多理想化假设，现实的国际资本市场是不完善的，各国投资者的投资机会集合不可能是相同的，汇率变动不能被国家间价格水平的变动所抵消，国际因素对资产定价的影响将远比上述模型更为复杂。于是，各国学者逐步颠覆单因素ICAPM，探索更加现实的ICAPM。

（二）两因素ICAPM

1973 年，布雷顿森林体系彻底瓦解，汇率风险成为国际资产定价中不容忽视的重要因素，国际风险资产的价格均衡关系更加复杂。Solnik（1974），[①]Adler 和 Dumas（1983）[②] 修正了单因素 ICAPM，增加了汇率风险，提出了两因素 ICAPM。汇率风险又称购买力风险，Solnik（1974）认为，国际投资者在国际资本市场上进行投资面临汇率波动的风险，单因素 ICAPM 与传统的国内 CAPM 中关于投资者具有相同收益预期以及存在无风险资产的假定均面临挑战。Adler 和 Dumas（1983）指出，在汇率与购买力平价（PPP）背离的情况下，汇率风险是应该被定价的。假设世界上有 N+1 种货币，两因素 ICAPM

---

① B. H. Solnik. An International Market Model of Security Price Behavior. The Journal of Financial and Quantitative Analysis, 1974, 9（4）: 537–554.

B. H. Solnik. The International Pricing of Risk: An Empirical Investigation of the World Capital Market Structure. The Journal of Finance, 1974, 29（2）: 365–378.

② Adler, M, B.Dumas. International Portfolio Choice and Corporation Finance: A Synthesis. Journal of Finance, 1983, 38（3）: 925–984.

就有 N+1 个系统风险——国际市场投资组合的市场风险和 N 个汇率风险。因此，资本资产的要求报酬率由国际市场风险因素和不同国家汇率变动的协方差所决定，超额要求报酬率是市场风险溢价与汇率风险溢价之和。

（三）多因素 ICAPM

单因素和两因素 ICAPM 都建立在国际市场一体化（或称市场整合）的基础假设之上。西方学者对市场整合定义为投资者在不同国家市场中投资于相似的投资工具会取得相同的风险调整预期报酬的一种状态。而在国际范围内，具有相似风险特性的资产在不同市场上价格往往不同，因此现实经济中，市场分割还是一种普遍存在的市场状态。Solnik（1974）[1] 在对两因素 ICAPM 的分析中发现，仅用国际市场风险和汇率风险不足以充分解释资本资产的超额期望报酬率，市场分割成为国际资产定价的重要影响因素。Errunza 和 Losq（1985），[2] Bekaert 和 Harvey（1995）[3] 等人提出将市场分割划分为三种状态：完全分割（Completely Segmentation）、完全整合（Completely Integration）和介于中间状态的温和分割（Mild Segmentation）或部分分割（Partially Segmentation）。国际资本市场的发展证明，完全分割与完全整合的市场都不存在，部分分割市场才真正符合当今世界各国的实际状态，只是这种分割状态在不同时间完全整合和完全分割之间偏离的程度不同。Bekaert 和 Harvey（1995）认为这个权重是随时间而变化的，即市场有时走向整合，有时走向分割，当一个国家的股票市场与其他股票市场完全一致时，使用 CAPM 的国际版；当一个国家的股票市场与其他股票市场完全无关时，使用 CAPM 的国内版；更多的情况是股票市场正在经历整合过程，那么其 CAPM 是上述两种情况的结合，也就是说预期收益分为两部分：一部分受该国与国际基准证券组合的协方差的影响，一部分受该国收益方差的影响。前者对应着整合市场，后者对应着分割

---

[1] B. H. Solnik. An Equilibrium Model of the International Capital Market. Journal of Economic Theory, 1974, 8（4）: 500–524.

[2] Vihang Errunza, Etienne Losq. International Asset Pricing under Mild Segmentation: Theory and Test. The Journal of Finance, 1985, 40（1）: 105–124.

[3] Geert Bekaert, Campbell R. Harvey. Time-Varying World Market Integration. Journal of Finance, 1995, 50（1）: 403–444.

市场。[1] Solnik（1974），Sercu（1980），[2] Bekaert 和 Harvey（1995）等人在两因素模型的基础上引入不同国家的市场分割因素，构建了多因素 ICAPM。与两因素 ICAPM 相比较，多因素 ICAPM 的超额要求报酬率由国际市场风险溢价、本国市场风险溢价和汇率风险溢价共同构成。因此，从本质上讲，多因素 ICAPM 是两因素 ICAPM 与国内版本的 CAPM 的结合。

第三节　理论模型设计与实证研究框架

根据前述基于国际视角对于股权资本成本度量模型的理论分析，本书对中国公司交叉上市的资本成本效应的实证检验按照以下两个步骤展开：

第一步，综合考虑我国资本市场发展的现实条件与我国公司交叉上市的客观情况，本书从实证检验的可行性出发，[3] 秉承 Karolyi（1998）[4] 的研究思路，以两因素 ICAPM 为理论模型，对中国公司交叉上市的资本成本效应进行整体的定量研究。[5] 具体理论模型如下：

$$K_i = R_f + \beta_{iw}(R_{mw} - R_f) + \beta_{il}(R_{ml} - R_f) \tag{5.3}$$

上式中，K_i 表示股票 i 的预期报酬率，R_f 是无风险报酬率，β_i 表示股票 i 的市场 β 系数（当地市场用 β_{il} 表示，国际市场用 β_{iw} 表示），R_m 表示市场投

---

[1] 这在 Harvey（2005）的总结中讲其单独称为一种方法：分段或完整的 CAPM（又称 Bekaert-Harvey 混合模型）。

[2] Sercu, P. A Generalization of the International Asset Pricing Model. Revue de l'Association Francaise de Finance，1980（1）：91-135.

[3] 相关内容参见本书第三章第四节的分析。

[4] G. Andrew Karolyi. Why do Companies List Shares Abroad：A Survey of the Evidence and its Managerial Implications. Financial Markets, Institutions and Instruments，1998，7（1）：1-60.

[5] 在本书第三章第二节中曾经指出，Karolyi 在这一研究中使用的模型，早在 Jorion 和 Schwartz（1986），Howe 和 Kelm（1987），Mittoo（1992），Rothman（1995），Foerster 和 Karolyi（1996）等人的研究中均已采用。而且 Karolyi 的这一研究堪称交叉上市的资本成本效应研究之经典，很多学者在随后的研究中纷纷引用他的这些研究成果。虽然已时隔 10 年，但 ICAPM 仍是当今交叉上市资本成本效应度量的理想模型。在本书写作过程中，作者就这一问题与 Karolyi 教授本人进行了深入探讨，运用两因素 ICAPM 计量中国公司交叉上市资本成本效应的研究思路也得到了他的高度认可，在此，作者感谢 Karolyi 教授不吝赐教。

资组合的预期报酬率（当地市场用 R_{ml} 表示，国际市场用 R_{mw} 表示）。

本书采用上述模型计量每家公司交叉上市前后资本成本的数据，比较境内外交叉上市前后资本成本的总体变化。为此，只需要评估公司在交叉上市前后当地市场和国际市场的 β 系数，并确定风险因素溢价。对于每一家公司，上市前后资本成本的变化等于当地市场 β 系数的变化乘以当地市场风险溢价加上国际市场 β 系数的变化乘以国际市场风险溢价。

第二步，在逐一定量研究每家公司交叉上市资本成本变动结果的基础上，本书进一步对资本成本的这种变动原因进行探析——建立多元回归模型，分析流动性、投资者认知和投资者保护这三方面的因素对交叉上市资本成本效应的影响。这三方面是解释交叉上市资本成本效应的三个重要假说，西方学者分别从这三个角度进行了实证检验，本书将整合这三方面因素，详细剖析驱动我国公司交叉上市资本成本效应的关键因素，并定量研究每一因素的具体影响程度。

第六章　资本成本效应分析：基于中国公司交叉上市的数据

价值最大化是公司一切财务决策的根本出发点。西方学者的理论研究与实证检验表明，交叉上市可以降低公司资本成本。本章以实现境内外交叉上市的中国公司为研究对象，采用基于市场风险的股权资本成本计量模型对中国公司交叉上市的资本成本效应进行检验。本章试图解答如下两个问题：①中国上市公司境内外交叉上市的资本成本效应如何，即我国公司能否通过境内外交叉上市来降低资本成本？②哪些因素会对资本成本的上述效应产生影响？影响程度如何？西方学者提出的三个理论假说在中国是否适用？本章将从上述两个方面进行实证检验。

第一节　交叉上市的资本成本效应：整体检验

本节对中国公司交叉上市的资本成本效应进行整体检验，目的在于定量研究交叉上市资本成本变动的结果，回答本章引言中的第一个问题，即中国上市公司能否通过境内外交叉上市来降低资本成本。

一、研究假设

传统的观点普遍认为，交叉上市可以降低资本成本，提升公司价值，这也是公司选择交叉上市筹资决策最主要的动机。自 1993 年青岛啤酒成为我国第一家交叉上市公司开始，中国公司交叉上市历经 17 年，仍然呈现蓬勃发展之势。本章首先检验中国公司境内外交叉上市能否降低资本成本，为此，提出第一个研究假设，假设中国公司交叉上市决策的动机符合公司理财目标，即通过交叉上市以降低资本成本，增加公司价值。

假设 1：中国公司交叉上市可以降低资本成本

二、研究设计

(一) 样本选择

在我国，A + H 是境内外交叉上市的主要形式，A + N、A + L 和 A + S 等其他形式的交叉上市公司数量都十分有限，而且同一公司在境内外同时挂牌上市无法比较交叉上市前后的资本成本效应，因此本书选取自 1993 年至 2008 年底在我国内地、香港 A + H 交叉上市的 58 家中国公司中剔除同时上市的工商银行和中信银行两家公司，[①] 形成 56 家公司为原始研究样本。

鉴于中国公司交叉上市的最大特征是"先外后内"，将 56 家原始样本公司分为两组："先外 (H) 后内 (A)"交叉上市公司组成 A 组，"先内 (A) 后外 (H)"交叉上市公司组成 B 组。在数据收集整理过程中，基于以下原因共剔除 11 家公司，最终形成 42 家 A 组样本公司和 3 家 B 组样本公司。

表 6.1　剔除部分样本公司的原因解释

剔除样本公司名称	剔除原因
兖州煤业 (91)、昆明机床 (27)、广船国际 (83)、马钢股份 (64)、上海石化 (105)、中国银行 (34)、青岛啤酒 (43)	在香港上市后 4 个月内即回归国内上市，境内外交叉上市时间间隔过短，[②] 交叉上市之前在境外市场交易数据不足以支持交叉上市前后资本成本的比较
上海电气	2008 年 12 月 5 日回归 A 股，至窗口期末时间间隔太短
中国铁建 (3)、中国南车 (3)、中国中铁 (4)	在国内上市后三四天内即赴中国香港上市，境内外交叉上市时间间隔过短[③]

---

① 境内外同时上市的中国公司，不符合本书的研究范畴。
②③ 本表前列括号中的数字表示交叉上市时间间隔 (按日历天数计算)。

（二）股权资本成本计量方法与相关数据说明

本书秉承 Karolyi（1998）[①] 的研究思路，采用基于市场风险的两因素 ICAPM 作为计量股权资本成本（K_i）的理论模型：

模型1：$K_i = R_f + \beta_{iw}(R_{mw} - R_f) + \beta_{il}(R_{ml} - R_f)$　　　　　　　　　（6.1）

由于每家公司形成境内外交叉上市的时点不同，且截至 2008 年 12 月 31 日样本数量完全可以逐一分析，因此本书以每家公司境内外交叉上市时点为事件日，针对每家公司分别采用 ICAPM 计算其形成交叉上市时点前后的资本成本变化。1997 年和 2007 年分别是我国公司"出海"和"回归"的高峰年份，为使计算结果有意义，考虑到时间因素，本书以每家公司交叉上市前后 1 年为事件窗口期，研究交叉上市前后的资本成本效应。

针对 A、B 两组样本中的每家交叉上市公司，为了深入分析其在境内外交叉上市前后 1 年资本成本的总体变化，将模型 1 做适当变形，产生模型 2：

模型2：$K_i - R_f = \beta_{iw}(R_{mw} - R_f) + \beta_{il}(R_{ml} - R_f)$　　　　　　　　　（6.2）

ICAPM 是基于市场风险的权益资本成本计量模型，因此变形后的模型 2 更加清晰地凸显了本书的研究重点——交叉上市公司面临境内外两个不同市场的风险变化。在这一模型中，股票的预期报酬（资本成本）超过无风险报酬的差额（即超额收益）被描述为当地市场风险和国际市场风险以及股票对这些风险因素的 β 系数的函数。为此，借鉴 Karolyi 的研究方法，只需要评估公司在交叉上市前后当地市场和国际市场的 β 系数，并确定出风险因素溢价。对于每一家公司，在无风险报酬一定的情况下，交叉上市前后 1 年中各月资本成本的变化用 12 个月的平均数计算差额，即 ΔK_i，在数值上应该等于当地市场 β 系数的变化乘以当地市场风险溢价加上国际市场 β 系数的变化乘以国际市场风险溢价。用 K_i，b 和 K_i，a 分别表示交叉上市之前 1 年和之后 1 年公司资本成本数据，则交义上市公司的资本成本效应可以定量描述为：

---

① G. Andrew Karolyi. Why do Companies List Shares Abroad?: A Survey of the Evidence and its Managerial Implications. Financial Markets, Institutions and Instruments, 1998, 7（1）: 1-60.

模型 3：$\Delta K_i = K_{i,\ a} - K_{i,\ b} = \Delta\beta_{iw}\,(R_{mw} - R_f) + \Delta\beta_{il}\,(R_{ml} - R_f)$

$$= (\beta_{iw,\ a} - \beta_{iw,\ b})\,(R_{mw} - R_f) + (\beta_{il,\ a} - \beta_{il,\ b})\,(R_{ml} - R_f)$$

$$(6.3)$$

研究中相关数据选取如下：

（1）R_f：表示国际市场无风险报酬率，选取香港 30 天外汇基金票据及债券收益率。[①]

（2）R_{mw} 和 R_{ml}：作为国际市场和当地市场平均收益数据，区分 A、B 两组样本公司分别计算。其中，R_{mw} 运用 MSCI（Morgan Stanley Capital International）[②] 的 ACWI（All Country World Index）月度数据进行计算，[③] 对于"先外后内"交叉上市的 A 组样本公司，为了保证资本成本计算的客观性，借鉴西方学者数据选取方法，[④] 运用 A 股沪市股票综合指数月度数据计算 Rmw；[⑤] Rml 的计算对于"先外后内"交叉上市的 A 组样本公司采用 MSCI 的 H 股指数月度数据，对于"先内后外"交叉上市的 B 组样本公司，选取 A 股沪市股票综合指数月度数据。

（3）β_{iw} 和 β_{il}：表示国际市场和当地市场系统性风险，采用 CAPM 市场模型回归超额收益求得。具体模型如下：

模型 4：$R_i - R_f = \lambda + \beta_{iw}\,(R_{mw} - R_f) + \beta_{il}\,(R_{ml} - R_f) + \varepsilon$ $\qquad(6.4)$

式中，R_i 表示个股收益率，分别根据个股在香港市场和内地市场的各月月末收盘价计算，λ 为常数，ε 为残差。

本书中香港 30 天外汇基金票据及债券收益率由北京大学中国经济研究中心（CCER）提供，A+H 个股月末收盘价以及内地市场股票综合指数由深圳

---

① 基于 ICAPM，本书的重点是交叉上市引起公司在当地市场与国际市场的市场风险变化，因此假设无风险报酬率不会产生明显的变化。本书研究交叉上市前后一年的资本成本效应，所用数据是月度数据，因此，无风险报酬率选取香港 30 天外汇基金票据及债券收益率。在香港地区，香港政府债券是指港府以外汇基金名义、由金融管理局发行的外汇基金票据和债券。

② 资料来源：http://www.mscibarra.com/index.jsp.

③ 鉴于 WSCI 的 A+H 指数是从 2004 年 11 月 30 日创建起来的，在此之前没有相关数据，因此在此选取 WSCI 的 ACWI 数据。

④ 很多美国学者在研究外国公司在美交叉上市时，选取美国标准普尔 500 指数（SP500 Index）模拟计算国际市场收益率。

⑤ 由于 B 组样本公司只有 3 家，本书未再采用 MSCI 的 H 股指数计算 Rmw。

市国泰安信息技术有限公司的 "CSMAR 系列研究数据库系统" 提供。MSCI 的 ACWI 和 H 股指数来自 MSCI 官方网站 http：//www.mscibarra.com/index.jsp。

三、实证检验结果与分析

(一) 整体效应

表 6.2　样本公司整体的资本成本效应
Panel A：ICAPM 回归结果

	回归国内上市之前 ICAPM				回归国内上市之后 ICAPM			
	采用 MSCI ACWI		采用 A 股指数		采用 MSCI ACWI		采用 A 股指数	
	β	Std. Error	β	Std. Error	β	Std. Error	β	Std. Error
(Constant)	0.0206	0.0083	0.019	0.0068	0.0044	0.0065	0.0077	0.0054
Rml−Rf	0.7508	0.1364	0.707	0.0962	0.6177	0.0964	0.4378	0.0644
Rmw−Rf	0.0225	0.2326	0.1578	0.049	0.1619	0.1592	0.5702	0.0429

Panel A 是对模型 4 进行回归的结果。可以看出，无论采用 MSCI 的 ACWI 还是 A 股沪市股票综合指数，β_{il} 均有所下降，而 β_{iw} 有所上升，这表明交叉上市后公司承担的当地市场风险下降，国际市场风险上升。

根据回归后求得的 β_{iw} 和 β_{il}，运用模型 2，分别采用 MSCI 的 ACWI 和 A 股沪市股票综合指数，计算交叉上市前后 1 年的资本成本（以超额收益表示），[1] 如 Panel B 所示。

Panel B：资本成本计算结果（以超额收益 Ki−Rf 表示）

回归国内上市之前 ICAPM		回归国内上市之后 ICAPM	
采用 MSCI ACWI	采用 A 股指数	采用 MSCI ACWI	采用 A 股指数
−0.02347	−0.02195	−0.02735	−0.03061

按照模型 3，采用 MSCI 的 ACWI 计算资本成本差额 $\Delta K_i = K_{i, a} - K_{i, b} = -0.02735 - (-0.02347) = -0.00388$，表明样本公司从香港回归国内上市年资本

---

　① 前面已述，ICAPM 是一种基于市场风险的资本成本估算模型，市场风险是本书研究的重点，在无风险报酬一定的情况下，超额收益的变化即是资本成本的变化。因此，下面不再对资本成本与超额收益作严格界定。

成本降低 4.656%;[1] 采用 A 股沪市股票综合指数计算资本成本差额 $\Delta K_i =$ $-0.03061 - (-0.02195) = -0.00866$，表明样本公司从香港回归国内上市年资本成本降低 10.392%。

本书单独计算了 3 家"先内后外"的 B 组样本公司交叉上市前后的资本成本效应，结论与"先外后内"的 A 组样本公司完全一致，即交叉上市后资本成本比交叉上市前资本成本降低。由于 B 组样本公司数量过少，不再进行分析。

（二）描述性统计

按照模型 2，1993 年 7 月至 2008 年 12 月，A 组样本公司交叉上市之前 1 年在香港上市与交叉上市之后 1 年在内地、香港两地上市的 β 系数、资本成本的描述性统计如表 6.3 所示。

表 6.3　样本公司 β 与资本成本（以超额收益 $K_i - R_f$ 表示）的描述性统计[2]

	N	Minimum	Maximum	Mean	Std. Deviation	Skewness	Kurtosis
β_1 _before_ACWI	42	−2.5335	5.2165	1.01	1.4605	0.6864	1.352
β_w _before_ ACWI	42	−6.56	4.1976	−0.1953	2.2341	−0.4513	0.7997
β_1 _before_A	42	−1.8017	2.9838	0.8358	0.9824	0.0887	0.2931
β_w _before_A	42	−0.8575	1.5308	0.2338	0.587	0.4242	−0.2636
β_1 _after_ ACWI	42	−3.5085	3.4575	0.5827	1.1593	−1.0201	3.5386
β_w _after_ ACWI	42	−3.612	6.5696	0.1668	1.7497	0.9759	3.3069
β_1 _after_A	42	−2.0172	1.821	0.2138	0.7476	−0.8285	1.5624
β_w _after_A	42	−0.5828	2.0476	0.6613	0.4146	0.3955	3.6643
K_before_ ACWI	42	−0.114	0.083	−0.0147	0.0478	0.1289	−0.382
K_before_A	42	−0.0971	0.048	−0.0177	0.0365	−0.4643	−0.7229
K_after_ ACWI	42	−0.1385	0.1227	−0.026	0.0502	0.1106	1.2821
K_after_A	42	−0.1637	0.0565	−0.0307	0.0469	−0.9274	0.9013

表 6.3 是样本公司 β 系数与资本成本的描述性统计。采用 MSCI 的 ACWI，A 组样本交叉上市后的资本成本变化范围在 −0.1385~0.1227，均值为

---

① 本书选取的数据为月度数据，故计算年资本成本率时要乘以 12，0.00388 × 12 = 4.656%。
② 表中 "K" 意为以超额收益 Ki-Rf 表示的资本成本。

–0.026，偏度为 0.1106，大于 0，说明大部分的数据落在平均值的左边，峰度为 1.2821，显著大于 0，说明数据的分布比正态分布要陡峭和窄得多，即大部分公司交叉上市之后的资本成本更加集中地小于均值–0.026；交叉上市之前的资本成本变化范围在–0.114~0.083，均值为–0.0147，偏度为 0.1289，虽然也大于 0，但峰度为–0.382，小于 0，说明数据的分布比正态分布要平缓和宽得多，即大部分公司交叉上市之前的资本成本更加分散地小于均值–0.0147。平均而言，交叉上市后资本成本降低 0.0113。[①] 进一步分析交叉上市行为对 A 组样本在两个市场上 β 系数的影响，发现公司在香港市场的 βl，交叉上市之前的均值为 1.01，峰度为 1.352，说明在香港市场的风险程度集中于均值；交叉上市之后的均值为 0.5827，峰度为 3.5386，这表明交叉上市行为明显地降低了当地（香港）的市场风险。国际市场的 βw 因交叉上市行为均值由–0.1953 上升到 0.1668，但是交叉上市之前 βw 的偏度为–0.4513，说明大部分公司交叉上市之前的国际市场风险大于–0.1953，而交叉上市之后 βw 的偏度为 0.9759，峰度为 3.3069，显著大于 0，说明大部分公司交叉上市之后的国际市场风险更加集中地小于 0.1668，这就表明交叉上市引起国际市场风险虽有所上升，但幅度十分有限。综合看来，交叉上市引起公司在当地的市场风险显著降低，而国际市场风险小幅上升。

采用 A 股沪市股票综合指数，平均而言，交叉上市后资本成本降低 0.013。[②] 进一步分析交叉上市行为对 A 组样本在两个市场上的 β 系数的影响，发现公司在香港市场 βl 的均值由交叉上市之前的 0.8358 降低至交叉上市之后的 0.2138，表明交叉上市行为降低了当地的市场风险。国际市场的 βw 虽然因交叉上市行为均值由 0.2338 上升到 0.6613，交叉上市之后的 βw 偏度为 0.3955，峰度高达 3.6643，说明大部分公司交叉上市之后的国际市场风险程度十分集中地小于 0.6613，因此交叉上市引起国际市场风险虽有所上升，但不足以抵补在当地市场风险的下降。

---

① 计算过程：–0.026 – (–0.0147) = –0.0113。
② 计算过程：–0.0307 – (–0.0177) = 0.013。

上述结果符合 Foerster 和 Karolyi（1993），[①] Urias（1994，1996），[②] Foerster 和 Karolyi（1996）[③] 以及 Karolyi（1998）[④] 的研究结论。所不同的是，国外学者研究的样本公司一般是"先内后外"型交叉上市公司，即交叉上市之前先在本国上市，在境外上市之后会导致本国市场风险降低，国际市场风险上升，综合看来，交叉上市之后资本成本呈降低趋势。本书以"先外后内"的 42 家样本公司得到的交叉上市前后境内外市场风险的变化证明，即便是从成熟市场转向新兴市场进行交叉上市，依然可以降低原上市地市场风险的程度，并从整体上降低公司权益资本成本。

至此可以得到一个初步结论：中国公司交叉上市可以降低资本成本。这一结果支持本书假设 1。

（三）相关性分析

表 6.4 显示了表 6.3 中所计算的数据之间的相关系数。

（1）交叉上市公司在当地（香港）市场的 β 系数与国际市场的 β 系数存在负相关关系。采用 WSCI 的 ACWI 计算的公司在国际市场与当地市场的 β 系数，交叉上市之前相关系数为-0.608，交叉上市之后的相关系数为-0.564；采用 A 股沪市股票综合指数计算的公司在国际市场与当地市场的 β 系数，交叉上市之前相关系数为-0.073，交叉上市之后的相关系数为-0.027。这表明，无论采用何种指数计量，无论交叉上市之前还是之后，当地（香港）市场与国际（内地与香港）市场的市场风险存在负相关关系。这种负相关关系体现了公司进行交叉上市的根本动机——分散风险。在市场分割的情况下，对于拟进行交叉上市的公司而言，只有承担当地市场和国际市场的市场风险走势

① Stephen R. Foerster, G. Andrew Karolyi. International Listings of Stocks: The Case of Canada and the U.S. Journal of International Business Studies, 1993 (24): 763–784.

② Urias, M. The Impact of Security Cross-Listing on the Cost of Capital in Emerging Markets. 1994, Stanford University Working Paper.

Urias, M. The Impact of ADR Programs on Emerging Stock Market Risk. 1996, Stanford University Working Paper.

③ Stephen R. Foerster, G. Andrew Karolyi, The Effects of Market Segmentation and Illiquidity on Asset Prices: Evidence from Foreign Stocks Listing in the U.S. Dice Center for Research in Financial Economics Working Paper, No. 96–6, 1996, Available at SSRN: http://ssrn.com/abstract=1006.

④ G. Andrew Karolyi. Why do Companies List Shares Abroad?: A Survey of the Evidence and its Managerial Implications. Financial Markets, Institutions and Instruments, 1998, 7 (1): 1–60.

表6.4　样本公司 β 与资本成本（以超额收益 Ki−Rf 表示）的相关系数

	βl_bf_W	βw_bf_W	βl_bf_A	βw_bf_A	βl_after_W	βw_after_W	βl_after_A	βw_after_A	K_bf_W	K_bf_A	K_after_W	K_after_A
βl_bf_W	1.000											
βw_bf_W	-0.608 0.000	1.000										
βl_bf_A	0.657 0.000	0.090 0.571	1.000									
βw_bf_A	0.081 0.608	-0.099 0.531	-0.073 0.645	1.000								
βl_af_W	0.321 0.038	-0.261 0.095	0.091 0.569	0.059 0.712	1.000							
βw_af_W	0.109 0.491	-0.043 0.762	0.080 0.614	-0.109 0.490	-0.564 0.000	1.000						
βl_af_A	0.234 0.135	-0.311 0.045	-0.083 0.602	-0.045 0.777	0.487 0.001	-0.026 0.869	1.000					
βw_af_A	0.154 0.329	0.085 0.591	0.372 0.015	-0.195 0.216	0.166 0.293	0.043 0.788	-0.027 0.865	1.000				
K_bf_W	0.215 0.172	-0.795 0.000	-0.387 0.011	0.115 0.467	0.320 0.039	-0.179 0.255	0.115 0.470	-0.182 0.249	1.000			
K_bf_A	0.123 0.439	-0.375 0.014	-0.343 0.026	0.014 0.931	0.466 0.002	-0.097 0.543	0.146 0.355	-0.069 0.664	0.542 0.000	1.000		
K_af_W	-0.327 0.035	0.211 0.179	-0.186 0.238	0.250 0.110	-0.145 0.361	-0.421 0.006	-0.116 0.463	-0.407 0.007	-0.157 0.320	-0.300 0.054	1.000	
K_af_A	-0.245 0.118	0.224 0.153	-0.123 0.439	0.267 0.088	-0.552 0.000	0.268 0.086	-0.420 0.006	-0.488 0.001	-0.150 0.344	-0.235 0.134	0.486 0.001	1.000

是反向的,才有必要为了分散风险而进行交叉上市。也正是由于公司在当地市场与国际市场的 β 系数的这种负相关关系,导致先 H 股后 A 股交叉上市的公司在交叉上市之前的资本成本与采用 WSCI 的 H 股指数计算的当地(香港)市场 β 系数正相关(这与 ICAPM 是一致的),而与国际市场的 β 系数负相关。表 6.4 显示采用 WSCI 的 ACWI 计算的交叉上市之前公司资本成本与当地 β 系数的相关系数为 0.215,而与国际市场 β 系数的相关系数为-0.795。

(2)交叉上市之后的资本成本与当地(香港)市场和国际市场的 β 系数均呈负相关关系。产生这种情况的原因在于,在资本成本估算的基本模型——模型 1 中,根据前述数据计算的 β 系数前面的市场平均风险溢价取值是负数。具体而言,样本公司交叉上市之后当地市场风险平均溢价($R_{ml}-R_f$的平均值)为 -0.0357,国际市场风险平均溢价($R_{mw} - R_f$ 的平均值)采用 WSCI 的 ACWI 和 A 股沪市股票综合指数计算分别为-0.0342 和-0.0269。

(3)交叉上市之后的资本成本与交叉上市之前的资本成本负相关。无论采用 WSCI 的 ACWI 还是采用 A 股沪市股票综合指数,交叉上市之后的资本成本这一结果也证明了公司交叉上市的动机与必要性。例如,紫金矿业(601899)采用 WSCI 的 ACWI 计算交叉上市之前的资本成本(超额收益)为0.0830,交叉上市之后的资本成本(超额收益)为-0.1026,交叉上市降低资本成本 0.1856。交叉上市显著地降低了资本成本,这正是公司交叉上市的根本原因。

(四)显著性检验

表 6.5 对交叉上市前后的资本成本进行了配对样本检验。结果表明,无论采用 WSCI 的 ACWI 还是 A 股沪市综合指数,交叉上市之后的资本成本均小于交叉上市之前的资本成本,但是这种降低效应并不显著。

表 6.5 交叉上市前后资本成本比较分析

配对样本检验

	Paired Differences			t	df	Sig. (2-tailed)
	Mean	Std. Deviation	Std. Error Mean			
K_before_W – K_after_W	0.011329	0.073749	0.0113798	0.996	41	0.325
K_before_A – K_after_A	0.013015	0.065041	0.010036	1.297	41	0.202

综上所述，实证结论支持本书的研究假设 1，即中国公司交叉上市可以降低资本成本，但结果并不显著。

第二节　交叉上市的资本成本效应：因素回归检验

在定量研究交叉上市资本成本效应结果的基础上，本节对交叉上市的资本成本效应进行多元线性回归分析，目的在于回答本章引言中的第二个问题，即西方学者提出的三个理论假说中涉及的具体因素是否会对中国公司交叉上市的资本成本上述效应产生影响？影响程度又如何？鉴于剔除部分样本后 B 组样本数量过少，本书无法对"先内后外"交叉上市公司的资本成本效应进行回归分析。

一、研究假设

（一）流动性与交叉上市的资本成本

资本是最具流动性的生产要素，流动性是证券市场的一个重要的公共属性，也是衡量证券市场运行质量的核心指标。流动性具有多方面特征，几乎涉及证券市场运行的所有因素，因此至今它仍是一个很难准确定义的概念。目前人们普遍接受的市场流动性的定义是：如果投资者在其需要的时候能够以较低的交易成本买进或卖出大量股票而对价格产生较小的影响的话，则称市场具有流动性（Harris，1990）。[①]

从本质上讲，流动性是证券市场上供给与需求相互博弈的过程，投资者根据市场的基本供给和需求状况，以合理的价格迅速交易一定数量的资产。一个具有良好流动性的证券市场可以在交易成本尽可能低的情况下为投资者提供大量买卖交易证券的机会，达到投资者获得报酬和规避风险的目的。因

---

① Harris，L. E. Liquidity，Trading Rules and Electronic Trading Systems. New York University Salomon Center Monograph Series in Finance，Monograph，1990 (4).

此，投资者在他需要的时候，就能够以较低的交易成本，按照可接受的合理价格水平快速大量地买进或卖出某种金融资产，投资者要求的报酬率自然会降低，因而提高股票流动性可以降低公司资本成本。为此，提出本书的第二个研究假设：

假设 2：交叉上市可以提高股票流动性，进而降低资本成本

（二）投资者认知与交叉上市的资本成本

投资者作为证券市场的行为主体，其最主要的特征就是依据市场信息做出投资决策。从投资者接受各方面的信息到最终做出判断与决策，要经历一个复杂的逐渐深入的认知过程。在两个甚至更多的市场上交叉上市具有显著的提高公司知名度的效应，可以引起境内外投资者对公司股票的注意，提高投资者对公司的认知水平，因此交叉上市的行为在为公司提供大量权益资金的同时，也为企业带来了大量的实际投资者（包括境内投资者和境外投资者）和潜在投资者。伴随交易的不断进行，越来越多的投资者开始关注公司，潜在投资者也逐渐进入公司的股东名册。随着投资者对公司关注水平的提高和股东基数的扩张，系统性风险被更广泛地分担，投资者要求的报酬率降低。为此，提出本书的第三个研究假设：

假设 3：交叉上市可以提高投资者认知，进而降低资本成本

（三）投资者保护与交叉上市的资本成本

LLSV（1998）[①]将投资者保护定义为当投资者向公司融资时享受的通过法律规章和法律的执行加以保护的权利，包括按一定比例分红、投票选举董事、参加股东会议等。LLSV（1997，1998）[②]的研究发现，国家对投资者的法律保护在很大程度上影响着公司外部融资的难易程度。同一家公司，在投资者法律保护薄弱国家从外部融资的难度往往较大，而在投资者法律保护较好的国家融资难度会降低很多。这是由国家对中小投资者权益的法律保护制度决定的。在现代公司的治理制度下，控股股东有从公司转移资源、牟取私利的行

---

① Rafael La Porta, Florencio Lopez-de-Silanes, Andrei Shleifer, Robert Vishny. Law and Finance. Journal of Political Economy, 1998, 106: 1113-1155.

② Rafael La Porta, Florencio Lopez-de-Silanes, Andrei Shleifer, Robert Vishny. Legal Determinants of External Finance. Journal of Finance, 1997, 52: 1131-1150.

为可能性。如果市场对投资者的法律保护完善，控股股东侵蚀中小股东利益的动机就会严重弱化，谋私行为甚至消失，公司得以顺利进行外部融资；反之，如果市场对投资者的法律保护薄弱，就会增强控股股东侵蚀中小股东利益的动机，并为谋私行为提供机会，损害了中小股东的利益，也丧失了潜在投资者的投资信心。因此，良好的法律环境可以有效地保护现实和潜在的融资供给者，使他们愿意为证券市场提供资金，从而有助于股票市场规模的扩大。而在投资者法律保护较差的国家，公司股票对投资者没有吸引力，投资者只愿意以较低的价格进行投资，市场规模无从扩张。

我国的股票市场起步较晚，发展历史较短，投资者保护体系尚处于不断的建设与完善过程中，在投资者保护方面与具有高度法治意识的中国香港市场存在显著差异。[①] 最初我国公司，特别是那些大型公司选择境外上市，一方面是因为国内股票市场的规模太小，容纳不了如此大规模企业的股票交易；另一方面实质上是"租用"了香港市场更严格的法律监管与更有效的市场约束，抑制公司控股股东与经理人的隧道行为，从而取信于投资者，加强对投资者的法律保护。

关于投资者保护与资本成本的关系研究始自 LLSV（1998），他们所关注的公司融资、股权价值、金融市场发育乃至宏观经济增长等多方面问题最终都可以追溯到资本成本这一公司理财的核心概念。此后的国内外学者就投资者法律保护与资本成本之间的关系进行了大量深入的理论研究与实证检验，结论普遍支持投资者保护与权益资本成本存在负相关关系。

对于那些"先内（A股）后外（H股）"交叉上市的中国公司，将自己置身于投资者保护程度较高的境外（香港）市场，公司内部人会因受制于更为严格的法律法规制度的约束而减少对公司收益的侵占，减轻对外部股东的剥削，控股股东更倾向于减少持股以更广泛地吸引外部资金，从而分散风险，外部投资者也更愿意为该公司股票支付较高的价格，因而公司可以以较低的

---

① 在 LLSV（1998）关于国家法系的分类认为，英美法系国家相对于大陆法系国家提供了更好的投资者保护，资本市场因此活跃。中国香港被归属为英美法系，投资者法律保护程度较高，中国内地属于大陆法系，投资者法律保护程度薄弱。

资本成本融得资金。这一点已经在沈红波、廖理、廖冠民（2008），①肖珉、沈艺峰（2008）②的研究中得到证实。但是，值得说明的是，这些学者的研究是将 A+H 公司与配对 A 股公司进行比较，证实含有 H 股的 A 股公司由于投资者保护水平更高而资本成本更低。

伴随着我国国内股票市场环境、法律环境与社会环境的不断发展和完善，越来越多在境外上市的中国公司回归国内市场实现"先外（H）后内（A）"型交叉上市。通过研读文献，证实我国公司交叉上市的这一特征正是符合 Reese 和 Weisbach（2002）③的三点预期之一——对于来自弱保护国家的公司，其后续再融资的地点主要选择本国市场。按照传统观点，赴公司治理水平高的市场上市可以降低资本成本，那么，针对来自投资者保护水平高于国内市场的香港市场的"海归"公司，资本成本能否降低呢？这成为本书研究的一大关键问题。本书认为，与当初的"出海"上市是出于公司治理的改善不同，回归国内上市更多的应当是基于"声誉绑定"的角度，将境外市场先进的公司治理机制带回国内。具体言之，鉴于国内证券市场对于投资者利益保护的力度不够，已在境外上市的中国公司回归国内后会受制于更为严格的制度约束而主动强化自身约束。在这种无形的约束制约中，"先外后内"的交叉上市公司自觉保护投资者利益，从而在国内也能以较低的资本成本筹集较多的权益资本。

因此，本书提出第四个研究假设，并将对这一假设提供数据支持。

假设 4：交叉上市可以加强投资者保护，进而降低资本成本

二、研究变量的确定与设计

（一）被解释变量

本书的被解释变量为交叉上市的资本成本效应 ΔK_i，即第一节中所研究的交叉上市前后 1 年的资本成本变动，$\Delta K_i = K_{i,a} - K_{i,b}$。

① 沈红波，廖理，廖冠民. 境外上市、投资者保护与企业溢价. 财贸经济，2008（9）：40-45.
② 肖珉，沈艺峰. 跨地上市公司具有较低的权益资本成本吗？金融研究，2008（10）：93-103.
③ Reese, W., M. Weisbach. Protection of Minority Shareholder Interests, Cross-Listings in the United States, and Subsequent Equity Offerings. Journal of Financial Economics, 2002, 66 (1): 65-104.

（二）解释变量

结合西方学者提出的三个交叉上市理论假说，本书从流动性、投资者认知水平和投资者保护水平三个方面分析它们对中国公司交叉上市的资本成本变化产生的具体影响。考虑到境外数据的不易获得性，本书从以下三个方面定义解释变量：

（1）流动性。流动性的概念是从微观金融市场结构理论发展而来的，Demsetz（1968）[1] 最早将微观交易机制引入证券市场均衡价格的形成过程，突破传统的无摩擦的瓦尔拉斯均衡理论框架，强调流动性交易成本即买卖价差的存在。因此，Demsetz（1968）最早提出以买卖价差作为流动性的计量指标。Harris（1990）[2] 认为股票流动性包括四个方面：一是市场的及时性（Immediacy），投资者一般是急切交易的，需要提供交易适时性；二是市场的宽度（Width），买卖价差是最明显的交易成本，交易者更愿意交易价差小（即宽度）的股票；三是市场的深度（Depth），即在不改变价格的情况下可能的交易量；四是市场的弹性（Resiliency），是指由于非对称信息驱动的交易引起均衡价格偏离后，市场重新回到均衡状态的速度。朱小斌（2005）[3] 汇总了流动性的度量方法，大致可分为四种类型：价格法（如买卖价差、有效价差、价差估计模型等）、交易量法（如市场深度、成交深度、换手率等）、价量结合法（如 Glostern-Harris 交易成本模型、Hasbrouck 刺激反应函数、Amivest 流动性比率、Martin 流动性比率等）、时间法。从现有的文献来看，对流动性的衡量大多基于理论研究，但尚没有统一的定量计量标准。

在国外关于流动性与交叉上市公司资本成本研究的相关文献中，交易量、买卖差价、换手率是衡量股票流动性的常用指标。但是，国外在流动性这一领域的研究基本上是基于报价驱动（Quote-Driven）市场［又称做市商（Market-maker）市场］，流动性是由做市商提供的，因此买卖差价以及对应

---

[1] Harold Demsetz. The Cost of Transacting. The Quarterly Journal of Economics, 1968, 82（1）: 33-53.

[2] Harris, L. E. Liquidity, Trading Rules and Electronic Trading Systems. New York University Salomon Center Monograph Series in Finance, Monograph, 1990（4）.

[3] 朱小斌. 中国股票市场流动性理论与实证. 北京：中国物资出版社，2005.

的交易量的平均可以在该交易机制下作为流动性的基础指标。但是我国沪深股票证券市场是指令驱动（Order-Driven）市场［又称竞价（Auction）市场］，市场机制的差异导致国外的流动性度量体系在我国市场无法使用。

蒋涛（2001）[1] 在总结国外研究的基础上，通过近千万笔交易记录的分析，提出单独的基于交易量给出的统计量（例如换手率指标等）会失去太多的流动性信息，而基于交易量与价格两个序列得到的统计量能反映流动性特征。他指出，交易量与价格序列是相互影响的，交易量（主要是交易量增量）是通过收益率的波动来影响价格的，因此两者共同决定了股票的流动性。

由于交叉上市公司在境内外两个（或多个）市场以当地货币进行交易，考虑到市场因素以及数据的可获得性等多方面因素，本书选取蒋涛（2001）构造的三个流动性指标之一——交易量价格弹性比例来计量流动性。弹性比例反映的是价格对于交易量的负荷能力，表明交易量的相对变化对于价格相对变动的影响。具体计算公式如下：

$$L_{EL} = |(V_{i,a} - V_{i,b})/V_{i,b}| / |(P_{i,a} - P_{i,b})/P_{i,b}| \qquad (6.5)$$

式（6.5）中，分子表示交易量的相对变化的绝对值，分母表示价格的相对变化的绝对值。弹性比例大，则流动性强。

针对假设 2，对交易量价格弹性比例提出以下具体假设：

假设 2.1：资本成本与交易量价格弹性比例具有负相关关系，交叉上市可以提高交易量价格弹性比例，进而降低资本成本

（2）投资者认知水平。衡量投资者认知水平的指标包括股东人数和公司知名度两类，公司知名度通常通过关注公司股票的分析师人数和媒体报道频率进行度量，这一数据在我国目前现实状况下不易获取，因此本书采用 Merton（1987）[2] 所指的投资者基数最传统的度量方法，以股东人数作为投资者认知水平的解释变量。针对假设 3，对股东人数提出以下具体假设：

---

① 蒋涛. 中国沪深股票市场流动性研究. 申银万国研究报告，深交所第四届会员研究成果一等奖，2001.

② Robert C. Merton. A Simple Model of Capital Market Equilibrium with Incomplete Information. Journal of Finance，1987，42（3）：483-510.

假设 3.1：资本成本与股东人数具有负相关关系，交叉上市可以提高股东人数，进而降低资本成本

（3）投资者保护水平。从公司治理角度研究交叉上市的资本成本效应是学术界未来研究的方向之一。对于绑定假说，国内外学术界基于资本成本的视角，从投资者法律保护和信息披露两个方面进行了大量直接或间接的检验。

在投资者保护的变量选取方面，Reese 和 Weisbach（2002），[①] Doidge 等人（2004）[②] 的经典研究选取反董事权利（Anti-director Rights）、司法效率（Judicial Efficiency）以及不同国家法系等一系列赋予分值进行投资者保护程度度量的指标。以反董事权利指标为例，它是由 6 种股东权利共同构成的评分指标，每种权利 1 分，因此分值范围从 0~6。由于我国国内尚未建立与这些指标全面接轨的指标体系，因此本书无法采用上述解释变量。但是我国学者沈艺峰等（2004，2005）[③] 在这方面做过类似的研究，他们从股东权利和其他制度与政策两个方面，设定与中小投资者法律保护有关的 16 项条款，根据中国证监会《投资者维权教育手册》中列出的"维护证券投资者权益的主要法律、法规、规章和其他规范性文件目录索引"及其他有关的法律法规文本，建立一套比较完整的投资者法律保护指标体系。虽然这一指标仍不失为一个适当指标，但是境内外交叉上市的中国公司要遵循境内外两国（或多国）市场的相关法律、法规和制度，因此国内学者采用的一些赋分衡量投资者保护水平的指标体系在本书中均不具有可行性。为此，本书选取持股比例作为投资者保护水平的解释变量。鉴于最初走向海外上市的中国公司多是优质国有企业，国家是最大的股东，因此，本书选取第一大股东持股比例和第二至五大股东持股比例两个解释变量衡量投资者保护程度。第一大股东持股比例下降，可以减少大股东对小股东利益的侵蚀；第二至五大股东持股比例上升，则可以

---

① Reese，W.，M. Weisbach. Protection of Minority Shareholder Interests，Cross－Listings in the United States，and Subsequent Equity Offerings，Journal of Financial Economics，2002，66（1）：65-104.

② Doidge，Craig，G. Andrew Karolyi，Rene M. Stulz. Why are Foreign Firms Listed in the U.S. Worth More? Journal of Financial Economics，2004，71（2）：205-238.

③ 沈艺峰，许年行，杨熠. 我国中小投资者法律保护历史实践的实证检验. 经济研究，2004（9）：90-100；沈艺峰，肖珉，黄娟娟. 中小投资者法律保护与公司权益资本成本. 经济研究，2005（6）：115-124.

增强股权制衡，加强对小股东的利益保护。因此，针对前述假设4，提出以下具体假设：

假设 4.1：资本成本与第一大股东持股比例具有正相关关系，交叉上市可以降低第一大股东的持股比例，进而降低资本成本

假设 4.2：资本成本与第二至五大股东持股比例具有负相关关系，交叉上市可以提高第二至五大股东的持股比例，进而降低资本成本

在实证检验中，信息披露主要从数量和质量两个方面进行度量。

对信息披露的数量进行定量考察，实际上隐含了一个前提假设——上市公司披露的信息真实可靠，并且披露的信息被公司全部外部投资者共同享有。然而，在我国当前市场环境下，很多上市公司在一定程度上存在利润操作、盈余管理、报表粉饰等不规范行为，即便是在发达的美国市场上，信息披露数量有时候也会基于某些特殊动机而成为"数字游戏"。因此，以信息披露数量作为信息披露水平的衡量指标存在一定的缺陷。

对于信息披露质量，主要是计量上市公司透明度（Transparency）。透明度是公司信息披露质量的外在整体反映，它是集众多的公司对外披露的信息内容（如自愿性信息披露和强制性信息披露）以及其信息特征（如真实性、及时性、充分性等）于一体化的综合概念。[1] 目前，针对信息披露质量的定量研究可以划分为三类：①直接采用权威机构的评级。Pagano 等人（2002），[2] Doidge 等人（2004），[3] Hope 等人（2008）[4] 在交叉上市研究中广泛使用 CIFAR（Center for International Financial Analysis and Research）指数衡量公司会计信息披露质量水平，这一指标用 0~100 之间的数值对公司年报中是否包含 85 个

① 上海证券交易所研究中心. 中国公司治理报告（2008）：上市公司透明度与信息披露. 上海：复旦大学出版社，2008.

② Marco Pagano, Ailsa A. Röell, Josef Zechner. The Geography of Equity Listing: Why do Companies List Abroad? Journal of Finance, 2002, 57 (6): 2651–2694.

③ Doidge, Craig, G. Andrew Karolyi, Rene M. Stulz. Why are Foreign Firms Listed in the U.S. Worth More? Journal of Financial Economics, 2004, 71 (2): 205–238.

④ Ole-Kristian Hope, Tony Kang, Yoonseok Zang. Bonding to the Improved Disclosure Environment in the United States: Firms' Listing Choices and their Capital Market Consequences. Journal of Contemporary Accounting and Economics, 2008, Forthcoming, Available at SSRN: http: //ssrn.com/abstract=948670.

项目进行检验评级，100 分为最高水平。但 CIFAR 指标主要用于不同的多个国家公司信息透明度的比较，不适合本书使用。曾颖和陆正飞（2006），[①] 谭劲松和吴立扬（2006），吴文锋等人（2007）[②] 等采用深圳证券交易所对在其上市的公司信息披露评级作为信息披露质量的衡量方法，但我国很多交叉上市公司在境内选择的是上海证券交易所，因此本书无法使用深交所的评价结果对信息披露质量进行衡量。②研究者自建衡量指标，根据指标重要程度赋予权重进行打分。但自建指标不可避免地带有研究者的主观判断，无法保证研究结果的客观性、合理性与正确性，并且目前多数研究仅局限于公司年报的披露评价上，无法完整地对公司信息披露水平进行评价，往往影响实证结果的解释力。③使用代理指标。收益透明度是反映公司信息披露水平的常用代理指标。Botosan（1997）[③] 最早提供了公司信息透明度与资本成本之间存在负相关关系的直接证据。Bhattacharya 等人（2003）[④] 首次提出"收益不透明度（Earnings Opacity）"的概念，并设计了收益激进度（Earnings Aggressiveness）、损失规避度（Loss Avoidance）和收益平滑度（Earnings Smoothing）三个指标以及三个指标的联合——总收益不透明度（Overall Earnings Opacity）来度量收益不透明度。但是，这些指标是建立在西方资本市场环境和制度背景下，我国资本市场环境与制度背景与之相差较大，加之我国包括财务信息披露在内的各项信息披露制度不够完善，相关数据无法准确获取，[⑤] 因此用代理指标衡量公司信息披露水平的做法在本书中也不可取。鉴于以上三个方面的原因，本书暂不从信息披露角度对交叉上市的资本成本效应进行分析。

---

① 曾颖，陆正飞.信息披露质量与股权融资成本.会计研究，2006（2）：69-91.

② 吴文锋，吴冲锋，芮萌.提高信息披露质量真的能降低股权资本成本吗？经济学（季刊），2007（4）：1201-1216.

③ Botosan Christine. Disclosure Level and the Cost of Equity Capital. The Accounting Review, 1997, 72: 323-349.

④ Bhattacharya, Utpal, Hazem Daouk. The World Price of Insider Trading. Journal of Finance, 2003, 57: 75-108.

⑤ 例如，在收益平滑度指标的计算中要涉及公司现金流量，而我国上市公司现金流量表的披露始于 1998 年。

表 6.6 变量的解释说明

变量名称		变量含义与符号	具体计算规则	预计结果
被解释变量	交叉上市的资本成本效应	交叉上市前后 1 年资本成本的变动，ΔKi	$\Delta Ki = Ki,a - Ki,b$	—
解释变量	流动性	交易量价格弹性比例的变动，ΔL_{EL}	ΔL_{EL} = 交叉上市后交易量价格弹性比例 – 交叉上市前交易量价格弹性比例	+
	投资者认知	股东人数变动，ΔNum	ΔNum = 交叉上市后股东人数 – 交叉上市前股东人数	+
	投资者保护	第一大股东持股比例变动，ΔFir	ΔFir = 交叉上市后第一大股东持股比例 – 交叉上市前第一大股东持股比例	—
		第二至五大股东持股比例变动，ΔTwo	ΔTwo = 交叉上市后第二至五大股东持股比例 – 交叉上市前第二至五大股东持股比例	+

三、研究设计与回归模型

（一）样本的二次甄选

由于很多公司在 20 世纪 90 年代境外上市的相关资料疏于统计，考虑到境外上市数据获得性的局限，[①] 为了能够比较全面地从流动性、投资者认知、投资者保护三个角度进行定量分析，本书再次甄选研究样本。将原 42 家先外后内的样本公司中确实没有数据来源的公司予以剔除，最终形成 21 家公司作为本步骤回归分析的样本。这 21 家公司如表 6.7 所示。

表 6.7 回归分析的样本公司

序号	证券简称	证券代码（A/H）	交叉上市时点
1	新华制药	000756/0719	1997–08–06
2	鞍钢股份	000898/0347	1997–12–25
3	华电国际	600027/1071	2005–02–03
4	中国石化	600028/0386	2001–08–08

---

① 作者多方反复联系国内数据提供服务机构，但是还有很多基础数据无从获得。例如，在原样本公司交叉上市之前的机构投资者持股比例、流通股市值等数据均无法获得。

序号	证券简称	证券代码（A/H）	交叉上市时点
5	广州药业	600332/0874	2001–02–06
6	江西铜业	600362/0358	2002–01–11
7	宁沪高速	600377/0177	2001–01–16
8	深高速	600548/0548	2001–12–25
9	海螺水泥	600585/0914	2002–02–07
10	南京熊猫	600775/0553	1996–11–18
11	重庆钢铁	601005/1053	2007–02–28
12	中国神华	601088/1088	2007–10–09
13	中国国航	601111/0753	2006–08–18
14	中国平安	601318/2318	2007–03–01
15	北辰实业	601588/0588	2006–10–16
16	中国人寿	601628/2628	2007–01–09
17	中海集运	601866/2866	2007–12–12
18	中煤能源	601898/1898	2008–02–01
19	紫金矿业	601899/2899	2008–04–25
20	建设银行	601939/0939	2007–09–25
21	大唐发电	601991/0991	2006–12–20

（二）数据来源

被解释变量计算所需数据来源于深圳市国泰安信息技术有限公司的"CSMAR 系列研究数据库系统"的中国海外上市公司研究数据库。

（三）回归模型

为了对交叉上市的资本成本效应进行深入的因素分析，建立多元线性回归模型 6.1 和模型 6.2，分别表示采用 WSCI 的 ACWI 和 A 股沪市综合指数计算资本成本，模型如下：

模型 6.1：$\Delta K\_W = \alpha_0 + \lambda1\Delta L_{EL} + \lambda2\Delta Num + \lambda3\Delta Fir + \lambda4\Delta Two + \varepsilon$　　　(6.6)

模型 6.2：$\Delta K\_A = \alpha_0 + \lambda1\Delta L_{EL} + \lambda2\Delta Num + \lambda3\Delta Fir + \lambda4\Delta Two + \varepsilon$　　　(6.7)

其中，ΔK_W 表示采用 WSCI 的 ACWI 计算的交叉上市前后资本成本之差，ΔK_A 表示采用 A 股沪市综合指数计算的交叉上市前后资本成本之差，$\alpha0$ 为常数，ΔL_{EL} 表示交易量价格弹性比例的变动，ΔNum 表示股东人数的变动，ΔFir 表示第一大股东持股比例的变动，ΔTwo 表示第二至五大股东持股比例的变动，ε 为残差。

四、回归结果与分析

（一）描述性统计

表 6.8 是样本公司各解释变量与被解释变量的描述性统计。首先，可以看出，采用 MSCI 的 ACWI 和 A 股沪市综合指数计算的交叉上市之后比交叉上市之前资本成本平均降低 0.0295 和 0.0193，与表 6.5 中 42 家样本公司的资本成本降低额 0.0113 和 0.0130 存在一定差异，这是由于数据不可得的限制，只得在原 42 家样本的基础上将缺少数据的 21 家公司剔除，造成本步骤分析的 21 家样本公司的资本成本降低额区别于第一步骤分析的结果。其次，对各解释变量的均值进行分析，交叉上市导致交易量价格弹性比例提高，股东总数增加，第一大股东持股比例减少，而第二至五大股东持股比例增加，因此，就均值来看，各解释变量的变化与前面假设分析的变动趋势是相同的。

表 6.8　变量的描述性统计

	Minimum	Maximum	Mean	Std. Deviation	Skewness	Kurtosis
ΔL_{EL}	−164.7163	291.51089	13.725787	76.274199	1.967	10.42
ΔNum	−77918	570284.25	122111.76	185562.39	1.381	1.343
ΔFir	−38	0	−11.12	12.638	−1.234	0.402
ΔTwo	−4.68	34.21	6.7086	9.97447	1.159	1.291
ΔK_W	−0.185659	0.044669	−0.029483	0.063625	−0.691	0.036
ΔK_A	−0.162867	0.099519	−0.019286	0.080065	−0.127	−0.884

（二）相关性分析

从表 6.9 各变量的相关系数可以看出，无论采用 MSCI 的 ACWI 还是采用 A 股沪市综合指数计算的交叉上市前后资本成本之差，与交易量价格弹性比例的变化、股东人数的变化，以及第二至五大股东持股比例的变化均存在显著的负相关关系，而与第一大股东持股比例呈正相关关系，但并不显著。各解释变量之间基本不存在多重共线性。

表 6.9 变量的相关系数

	ΔL_{EL}	ΔNum	ΔFir	ΔTwo	ΔK_W	ΔK_A
ΔL_{EL}	1					
ΔNum	0.635（**）	1				
	0.002					
ΔFir	0.277	−0.029	1			
	0.224	0.902				
ΔTwo	0.580（**）	0.194	0.045	1		
	0.006	0.399	0.845			
ΔK_W	−0.672（**）	−0.589（**）	0.342	−0.649（**）	1	
	0.001	0.005	0.129	0.001		
ΔK_A	−0.293	−0.319	0.413	−0.249	0.741（**）	1
	0.198	0.159	0.063	0.277	0	

注：** 表示在1%的水平下显著（双尾）。

（三）显著性检验

表 6.10 因素回归分析

Model		Unstandardized Coefficients		Standardized Coefficients	t	Sig.
		B	Std. Error	Beta		
6.1	(Constant)	0.027	0.011		2.554	0.021
	ΔL_{EL}	0	0	−0.459	−2.5	0.024
	ΔNum	−7.33E−08	0	−0.214	−1.473	0.16
	ΔFir	0.002	0.001	0.48	4.232	0.001
	ΔTwo	−0.002	0.001	−0.363	−2.715	0.015
6.2	(Constant)	0.028	0.026		1.058	0.306
	ΔL_{EL}	0	0	−0.372	−1.025	0.321
	ΔNum	−2.56E−08	0	−0.059	−0.206	0.839
	ΔFir	0.003	0.001	0.517	2.302	0.035
	ΔTwo	0	0.002	−0.045	−0.169	0.868

回归结果显示，按照模型 6.1，采用 WSCI 的 ACWI 计算的交叉上市前后资本成本之差，与第一大股东持股比例变动在1%水平下显著，与交易量价格

弹性比例变动和第二至五大股东持股比例变动均在 5% 水平下显著，与股东人数变化关系不显著。结论支持本书提出的研究假设 2.1、假设 3.1、假设 4.1 和假设 4.2，也就是说，中国公司通过交叉上市可以增强流动性、提高投资者认知和加强投资者保护，为第二步骤提出的三个研究假设——假设 2、假设 3 和假设 4——提供了数据支持，只是交叉上市的资本成本效应与股东人数变化的关系不显著。

按照模型 6.2，采用 A 股沪市综合指数计算的交叉上市前后资本成本之差，与第一大股东持股比例变动在 5% 水平下显著，与第二至五大股东持股比例变动、交易量价格弹性比例变动以及股东人数变化均不显著。结合前面的相关性分析，虽然也为本书第二步骤提出的三个研究假设提供了一定的数据支持，但是由于本书第二步骤选取的样本研究的事件窗口起始期为 1995 年（见表 6.7），[①] 截止期是 2008 年，在这 13 年中，不可能保证我国国内 A 股指数走势与国际市场平均走势完全相同。换言之，中国市场与国际市场的关联程度较低，这反而成为本书的一个意外收获——中国市场与国际市场在加速融合的进程中确实存在一定程度的市场分割，印证了本书第三章研究展开计划中所提到的以市场分割作为本书研究前提条件的假设。因此，效仿美国学者使用 SP500 指数而以我国 A 股指数替代计算国际市场平均报酬率的做法在本书中存在一定误差。

第三节　本章小结

国外研究表明，交叉上市不仅拓展了企业的融资渠道，而且有利于增强股票流动性，增加投资者认知，加强投资者保护，提高股票价格，降低资本成本，提高公司价值。本章对中国公司交叉上市的资本成本效应及其影响因素进行了研究，主要内容包括以下两部分：

---

① 样本公司中交叉上市前 1 年最早时间点是 1995 年 11 月 18 日。

（1）对交叉上市中国公司的整体资本成本效应进行了检验。鉴于我国公司交叉上市的具体时点差异较大，为了准确计量交叉上市行为对于每家样本公司资本成本的影响程度，本章建立基于市场风险的双因素 ICAPM，对"先外后内"的 42 家 A+H 样本公司交叉上市前后 1 年的资本成本分别进行计算，以交叉上市前后市场风险的整体变化（表现为本地市场和国际市场 β 系数的变化）探析资本成本的变化；然后对市场风险和资本成本进行相关性分析和假设统计检验，结论虽然支持交叉上市可以降低资本成本的假设，但并不显著。对"先内后外"的 6 家 A+H 公司，由于时间因素剔除 3 家公司后，对剩下的 3 家样本公司的资本成本分别进行计算，结果同样是交叉上市具有降低资本成本的效应。

（2）对中国公司交叉上市的资本成本效应的影响因素进行回归检验。由于我国"先内后外"样本数量太少，本步骤只检验"先外后内"交叉上市公司资本成本变化的影响因素。结合流动性假说、投资者认知假说和绑定假说，考虑到数据的可获得性，本书选取四个解释变量代替流动性、投资者认知水平和投资者保护程度。在第一步 42 家样本公司的基础上，剔除数据来源不全的 21 家公司，本书最终对 21 家样本公司进行了相关分析和统计检验，结论支持上述三个理论假说，但资本成本的变动与投资者认知的关系不显著。这一结果说明，增强股票流动性和加强投资者保护是交叉上市资本成本降低效应的主要源泉。

基于以上研究，本书认为，境外上市的中国公司回归国内市场，有利于提高公司股票的市场流动性和加强投资者保护，进而有利于降低公司资本成本，提升公司价值。但是这里要说明以下三个问题：第一，中国公司股票流动性的"中国特色"。在我国股权分置改革以前，很多大型国有企业股份中相当一部分是非流通股，而在中国香港市场，所有股份均是全流通的。因此，对境外上市公司回归国内上市可以提高股票流动性的说法具有一定的绝对性。反观第二步实证检验的样本，其中有半数公司交叉上市时刚好发生在股权分置改革之后或进程中。随着我国股权分置改革成果的逐步显现，可以预见，境外上市的中国公司回归国内上市，可以带动国内市场流动性水平的提高。第二，在投资者保护方面，必须承认，作为成熟资本市场的中国香港肯定比我国国内市场的投资者法律保护机制完善，之所以回归国内的公司资本成本的降低与投资者保护的加强存在着显著的相关关系，本书认为，还是因为这些公司受到境外市场严格的投资者保护机制的约束，往往会"主动"寻求加强投资者保护，"声誉绑定"成为绑定机制发挥作用，从而直接驱动了资本成本的降低和公司价值的提升。第三，"中国股票市场的难解之谜"对资本成本的降低作用。"H股折价"现象目前仍然是普遍现象，同一只股票在国内市场比国外市场往往更容易受到追捧，这对交叉上市公司资本成本的降低效应具有一定的促进效果。

最后，有十分重要的一点必须在此单独声明：正如 Doukas 和 Switzer (2000)，[①] Shapiro（2002），[②] Sarkissian 和 Schill（2003，2009）[③] 等很多交叉上市的研究一样，本书的样本同样受制于生存者偏差（Survivorship Bias，或 Survivor Bias），无法回避样本的生存者偏差问题。本书以境内外交叉上市的中国公司为研究样本，为使研究有意义，每家样本公司必须具有交叉上市前后 1 年研究所需的全部数据。在本书前面已经详细论述了样本逐层筛选的过程，由于数据限制很严格，最后只剩下具备条件的 21 家 A+H 交叉上市公司作为回归的样本，这些样本可谓是境内外交叉上市的中国公司一个很小的缩影，或许很多样本被排除在本书之外致使研究所用样本不能代表全部交叉上市的中国公司整体，这就不可避免地会对研究结论产生一定的偏差。增加一些有效样本，研究的结论就可能产生差异。因此，本书无法排除样本的生存者偏差是造成本书结论的原因之一。事实上，在很多财务领域的实证研究中，生存者偏差都是不容忽视而又很难解决的一个问题。

解决上述问题的最好办法就是获取交叉上市公司全面而完整的历史信息

---

① John Doukas, Lorne N. Switzer. Common Stock Returns and International Listing Announcements: Conditional Tests of the Mild Segmentation Hypothesis. Journal of Banking and Finance, 2000, 24 (3): 471–501.

② Alexander Shapiro. The Investor Recognition Hypothesis in a Dynamic General Equilibrium: Theory and Evidence. The Review of Financial Studies, 2002, 15 (1): 97–141.

③ Sergei Sarkissian, Michael J. Schill. The Cost of Capital Effects of Overseas Listings: Market Sequencing and Selection. McGill University Working Paper, Canada, fisher.osu.edu, July 25, 2003.

Sergei Sarkissian, Michael J. Schill. Are there Permanent Valuation Gains to Overseas Listing? Review of Financial Studies, 2009, 22 (1): 371–412.

资料，例如，东京股票交易所就在其网站上提供所有上市公司的历史资料。然而，目前我国的现实情况尚无法做到。相信随着数据收集更加全面，样本数量更加充足，这种生存者偏差可以进一步降低。

第七章 结论与展望

第一节 本书的主要工作及其结论

20世纪70年代以来，在经济全球化、金融自由化、市场一体化以及信息传输通信技术不断创新的大背景下，资本跨境流动十分活跃，国际资本市场日趋融合，有效利用证券市场国际化融资已成为市场经济环境下中国公司实现其价值增值的战略选择。与此同时，国内股市的繁荣强烈地吸引着已经实现境外上市的中国公司，为了充分利用国际国内两种资源、两个市场，它们积极谋求回国上市，实现境内外交叉上市。从微观层面上讲，公司的一切财务决策均应建立在企业价值最大化的基础上，交叉上市作为一种纯粹的股权融资方式，资本成本效应问题成为交叉上市公司战略融资决策的核心问题。中国公司境内外交叉上市是否降低了资本成本，是本书研究的主题。基于数据的可获得性和现有的研究条件，本书从多个角度对我国公司交叉上市的资本成本效应问题展开了深入研究。研究内容涉及国际资本市场上股权资本成本的计量以及市场流动性、投资者认知水平、投资者保护程度的变化与计量，并从交叉上市前后资本成本的动态变化过程中捕捉对公司资本成本产生影响的多方面因素。

本书的主要工作和结论如下：

首先，从资本成本视角对交叉上市行为进行了理论分析。市场分割假说、

·159·

流动性假说、投资者认知假说和绑定假说是解释交叉上市动因的经典理论，本书对这四个假说从不同的出发点最终诠释了公司交叉上市行为对权益资本成本的影响。国际资本成本的计量是现代公司财务理论长期未解的难题，交叉上市公司的资本成本计量更是因其涉及因素繁多而在国际范围内至今尚未取得公认的模型。

其次，分析了中国公司交叉上市的历史背景与发展特征。一方面，证券市场国际化与全球证券市场竞争加速了中国企业走向海外的步伐；另一方面，国内经济与资本市场发展吸引着境外中国公司回归国内发展。在整个"出海"与"海归"过程中，企业的融资需求和管理层的政策推动无疑从内、外两个方面加速了交叉上市的进程。由此可以得出我国公司交叉上市的最大特征就是"先外后内"。当然，随着我国市场与国际市场的加速融合，交叉上市的时间间隔正在缩短，股票价差也在逐渐缩小。

再次，构建了交叉上市资本成本效应研究的理论框架。资本成本是投资者对企业未来风险与报酬的权衡，取决于投资者对于企业未来现金流量及其风险程度的判断。本书认为，交叉上市的资本成本应当基于市场风险，从市场对风险定价的角度开展研究。因此确定两因素 ICAPM 为本书使用的股权资本成本度量模型。

最后，对中国公司交叉上市的资本成本效应进行了两步骤的实证检验，分别解答了两个问题。第一，中国上市公司能否通过境内外交叉上市来降低资本成本？第二，哪些因素会对资本成本的上述效应产生影响？鉴于 A+H 交叉上市是目前我国企业交叉上市的基本形式，本书首先选取截至 2008 年 12 月 31 日在中国内地、中国香港主板交叉上市的中国公司作为研究样本，以 ICAPM 计量交叉上市前后 1 年公司资本成本的变化，然后通过相关分析与统计检验从流动性、投资者认知和投资者保护三个角度分析它们对资本成本变化的具体影响程度。研究结果在不考虑样本的生存者偏差的情况下，主要有两点：①中国公司交叉上市可以降低资本成本；②结论支持流动性假说、投资者认知假说和绑定假说，但资本成本的变动与投资者认知的关系并不显著。

第二节　研究结论的启示

本书的研究结论从一个角度颠覆了传统意义上交叉上市可以降低公司资本成本的观点。传统观点认为，新兴市场中的上市公司赴成熟市场交叉上市后股票价格上涨，资本成本下降，公司价值提升。而本书的研究样本主要是先在境外成熟市场上市而后回归国内新兴市场上市的公司，这是中国公司交叉上市的独特之处。虽然我国证券市场的发展证明目前我们已经占据了新兴市场的龙头地位，但是不可否认的是，我们和中国香港、纽约、伦敦这些世界著名的资本市场尚有很大差距，我国的境外上市公司回归国内真的可以带来股票流动性水平的提升以及投资者保护程度的加强，并进而导致资本成本的下降吗？严格意义上讲，研究结果或与样本的生存者偏差不无关系，在此只能说明回归国内交叉上市与资本成本的降低是相关的，但这种相关性并不显著。而流动性水平的提高、投资者保护程度的加强与回归 A 股后资本成本的降低之间的因果关系尚不明确。以投资者保护为例，西方学者 Wójcik 等人（2004）[1] 曾经指出，在美国交叉上市公司的优势至少可以回溯到跨国上市之前几年，实证研究表明，良好的公司治理和在美国交叉上市孰因孰果不能明确区分。Doidge 等人（2004）[2] 认为，在美国上市增加了境外上市公司有效利用公司增长机会的能力，对于增长机会有效利用所带来的价值增长的预期使得公司控制人（代理人）宁愿放弃其可以获得的控制利益而去遵守严格的有关公司治理的要求和规范。我国学者也做过类似的研究，肖珉、沈艺峰（2008）[3] 在研究中也提及"关于跨地上市经济后果的研究还需要解决内生性

---

① Dariusz Wójcik, Gordon L Clark, Rob Bauer. Corporate Governance and Cross-Listing: Evidence from European Companies. 2004, Working Paper, http://papers.ssrn.com/paper.taf?abstract_id=593364.

② Doidge, Craig, G. Andrew Karolyi, René M. Stulz. Why are Foreign Firms Listed in the U.S. Worth More? Journal of Financial Economics, 2004, 71: 205-238.

③ 肖珉, 沈艺峰.跨地上市公司具有较低的权益资本成本吗? 金融研究, 2008 (10): 93-103.

问题，或曰'自我选择'（Self-selection）问题……'自我选择'意味着可能是权益资本成本较低的公司选择跨地上市以提高投资者保护，而不一定是跨地上市所带来的投资者保护降低了上市公司的权益资本成本"。能否通过流动性水平的提高和投资者保护的加强来解释中国公司交叉上市后资本成本的降低确实成为本书的一大启示与困惑。同时，这也为未来相关领域的研究提供了方向。

值得一提的是，境外上市的中国公司，特别是那些在中国香港上市的优质国有企业（H股公司），通过改制在境外上市，实质上是在政府支持下主动接受成熟市场机制约束的一种自愿绑定行为。从管理层来看，国资委的态度一直十分明确，支持中国企业尤其是国有企业先到国外上市，待条件成熟再回国内上市。因此，通过境外上市，借助国际市场促进公司建立较为完善的公司治理，这既符合管理层的意图，也是企业决策者的主动选择。这样，境外上市的公司回归国内，带来更为完善的公司治理机制，形成投资者保护的自愿性约束，这本身就是接受"绑定"的结果。

因此，本书可以确定以下两点：

（1）应当鼓励那些境外上市的中国公司回归国内市场，在内地市场市盈率较高的情况下，一方面，可以为公司融得更多的资金；另一方面，国内投资者会积极投资于投资者保护机制更为健全的境外上市公司，从而加强与完善境内证券市场的投资者保护机制，提升上市公司的整体质量，提高投资者对于国内证券市场的信心，促进内地资本市场的健康发展。

（2）在鼓励回归国内上市的同时，也要积极支持与健康引导中国企业走向国际，吸引国外资金，借鉴学习发达市场的先进经验，加速中国市场与国际市场的融合。这样，一方面，通过利用海外成熟证券市场的制度条件，促进企业改制上市，完善公司治理，建立健全现代企业制度；另一方面，境外上市可以降低国内市场的系统风险，提高证券市场的流动性。

第三节　本书研究的不足与局限性

境内外交叉上市是一项涉及领域异常广泛的综合性研究，资本成本效应是从公司微观角度实现企业价值最大化决策研究的核心，需要长期不懈的深入研究。本书结合中国公司交叉上市的实践开展资本成本效应的研究工作，这只是一个尝试性的探索，其中还存在以下诸多不足与局限之处，有待在以后的研究工作中改进完善。

本书的局限性主要是：

（1）研究样本选取方面的局限。本书仅以 A+H 交叉上市的中国公司为样本，没有涵盖全部境内外交叉上市的中国公司。当然，这点局限性是与第二点局限性产生的原因密切相关的。

（2）数据收集方面的局限。受研究数据可获得性的限制，本书在数据收集方面可谓是煞费苦心。从最初联系国内数据供应服务商至最终收到比较全面的数据，中间经历了 9 个多月的时间。其间反反复复地进行变化，即便是在作者反复催促之下，最终还是有些数据由于各种各样的原因确实无法提供。这确为本书的一大缺憾。

（3）事件窗口期选择的局限。本书研究了自 1993 年 7 月至 2008 年 12 月底全部 A+H 交叉上市公司的资本成本效应。由于 2007 年是境外上市中国公司回归 A 股的高峰年份，截至 2008 年底也只不过仅有 1 年多的时间，因此，本书只研究了中国公司在交叉上市前后 1 年的资本成本效应，而无法像西方学者在这方面研究那样选取较长的窗口期。并且 2006~2007 年中国股市持续走牛，2008 年金融危机在全球范围内肆虐，这些因素都会对研究结论产生一定程度的影响。

（4）代理变量选择方面的局限。受研究视角、数据来源等的限制，投资者认知、投资者保护代理变量选择上可能会存在一定程度的偏差，对投资者认知水平和投资者保护程度的衡量未必精确。

（5）鉴于第六章第二节所述的原因，本书未从信息披露方面对中国公司交叉上市的资本成本效应进行分析，这成为本书的一大缺憾。相信随着我国数据收集整理工作的完善与服务领域的扩展，从信息披露视角研究中国公司交叉上市的资本成本效应必将成为未来这方面研究的方向之一。

第四节　未来的研究展望

由于我国公司境内外交叉上市历史相对短暂，对于这方面的定量、系统的研究很少。虽然金融危机放慢了国际资本市场的发展，阻碍了各国公司境外上市的步伐，但经济全球化与市场一体化的国际发展趋势不会改变，从公司理财角度对中国公司交叉上市进行深入研究有很大的空间。仅就交叉上市的资本成本效应问题，未来的研究尚在以下几个方面有进一步深入的潜力：

（1）中国公司交叉上市的资本成本效应的全面研究。国外大量研究表明，交叉上市有利于分散市场风险，提高股票价格，降低资本成本，从而提升公司价值，并加速国际资本市场一体化进程。本书只是对 A+H 交叉上市的中国公司进行了资本成本效应的检验。在数据来源充足、可靠的情况下，对在伦敦、美国等其他国际成熟资本市场上市的中国公司交叉上市的资本成本效应进行全面研究，并展开对比分析，这将为我们检验和完善中国公司交叉上市的资本成本效应提供全面而细致的理论支持。

（2）中国公司交叉上市的资本成本效应的分行业研究。资本成本存在行业差异。境外上市的中国公司中，行业分布相对集中于制造业、服务业、高科技企业，不同行业的中国公司交叉上市的资本成本效应必然存在差异，即使趋势相同，这种趋势的变动程度也不尽相同。分行业系统研究中国公司交叉上市的资本成本效应有助于对拟上市的中国公司提供理论支持与指导。

（3）中国公司交叉上市的资本成本的长期效应研究。境外上市的中国公司回归国内上市后的第二年、第三年，以及后续融资过程中，资本成本将如何变化？能否实现价值的可持续增长？追踪分析交叉上市公司资本成本的长期变化，是公司财务战略的重要组成部分。伴随交叉上市历史的不断延续，在数据充实、资料可得的条件下深入分析中国公司交叉上市的资本成本长期效应必将成为我国未来这一领域研究方向之一。

（4）交叉上市公司资本成本效应对公司其他方面决策的传导机制的研究。王化成、李志杰、孙健（2008）[①] 以在中国香港主板上市的中资公司为样本，研究发现融资决策是治理机制与公司价值之间的中介变量，即中国公司的境外上市改善了其治理机制，而良好的治理机制通过优化公司理财决策，促进了公司价值的增长。这为交叉上市的资本成本效应的未来研究开辟了一条新的思路。公司理财是一个以财务决策为核心的完整架构，融资决策、投资决策、营运资本决策、股利决策紧密联系。因此，在分析交叉上市对资本成本和公司价值影响的基础上，可以尝试深入研究这一影响对公司其他财务决策（如投资决策）的传导作用。

---

① 王化成，李志杰，孙健. 境外上市背景下治理机制对公司价值的影响——基于融资决策传导效应的研究. 会计研究，2008，7：65-72.

参 考 文 献

[1] Adler, M., B.Dumas. International Portfolio Choice and Corporation Finance: A Synthesis. Journal of Finance, 1983, 38 (3): 925-984.

[2] Alberto Moel. The Role of Information Disclosure on Stock Market Listing Decisions: The Case of Foreign Firms Listing in the U.S. Harvard Business School Working Paper, 1999.

[3] Alexander Shapiro. The Investor Recognition Hypothesis in a Dynamic General Equilibrium: Theory and Evidence. The Review of Financial Studies, 2002, 15 (1): 97-141.

[4] Amir N. Licht. Cross-Listing and Corporate Governance: Bonding or Avoiding? Chicago Journal of International Law, 2003, 4 (1): 141-163.

[5] Amir N. Licht. Managerial Opportunism and Foreign Listing: Some Direct Evidence. University of Pennsylvania Journal of International Economic Law, 2001, 22: 325-347.

[6] Ana Paula Serra. Dual-Listings on International Exchanges: The Case of Emerging Markets' Stocks. European Financial Management, 1999, 5 (2): 165-202.

[7] Anat Admati, Paul Pfleiderer. A Theory of Intraday Patterns and Price Variability. Review of Financial Studies, 1988, 1: 3-40.

[8] Anant K. Sundaram, Dennis E. Logue. Valuation Effects of Foreign Company Listings on U.S. Exchanges. Journal of International Business Studies, 1996, 27 (1): 67-88.

[9] Andreas Charitou, Christodoulos Louca. Cross-Listing and Operating

Performance: Evidence from Exchange –Listed American Depositary Receipts. Journal of Business Finance and Accounting, 2009, 36 (1–2): 99–129.

[10] Andrei Shleifer, Robert W. Vishny. A Survey of Corporate Governance. Journal of Finance, 1997, 52 (2): 737–783.

[11] Arthur Levitt. The Importance of High Quality Accounting Standards. Accounting Horizons. 1998, 12 (1): 79–82.

[12] Bailey, W., Y. P. Chung, J. Kang. Foreign Ownership Restrictions and Equity Price Premiums: What Drives the Demand for Cross–Border Investments? Journal of Financial and Quantitative Analysis, 1999, 34 (4): 489–511.

[13] Barclay, M., R. Litzenberger, J. Warner. Private Information, Trading and Stock–Return Variances. Review of Financial Studies, 1990, 3: 233–253.

[14] Bernard Dumas, Bruno Solnik. The World Price of Foreign Exchange Risk. The Journal of Finance, 1995, 50 (2): 445–479.

[15] Bhagwan Chowdhry, Vikram Nanda. Multimarket Trading and Market Liquidity. Review of Financial Studies, 1991, 4: 483–511.

[16] Bhattacharya, Utpal, Hazem Daouk. The World Price of Insider Trading. Journal of Finance, 2003, 57: 75–108.

[17] B. H. Solnik. An Equilibrium Model of the International Capital Market. Journal of Economic Theory, 1974, 8 (4): 500–524.

[18] B. H. Solnik. An International Market Model of Security Price Behavior. The Journal of Financial and Quantitative Analysis, 1974, 9 (4): 537–554.

[19] B. H. Solnik. The International Pricing of Risk: An Empirical Investigation of the World Capital Market Structure. The Journal of Finance, 1974, 29 (2): 365–378.

[20] Botosan Christine. Disclosure Level and the Cost of Equity Capital. The Accounting Review, 1997, 72: 323–349.

[21] Brian J. Bushee, Gregory S. Miller. Investor Relations, Firm Visibility, and Investor Following. Working Paper, University of Pennsylvania and Harvard University, 2005, available at SSRN: http: //ssrn.com/abstract=643223.

[22] Campbell R. Harvey. 12 Ways to Calculate the International Cost of Capital. Duke University Working Paper, 2005.

[23] Christian Leuz. Discussion of ADRs, Analysts, and Accuracy: Does Cross-Listing in the United States Improve a Firm's Information Environment and Increase Market Value? Journal of Accounting Research, 2003, 41 (2): 347-362.

[24] Damodaran, A., C. Liu, W. Van Harlow. The Effects of International Dual Listings on Stock Price Behavior. New York University Working Paper, 1993.

[25] Darius P. Miller. The Market Reaction to International Cross-Listings: Evidence from Depositary Receipts. Journal of Financial Economics, 1999, 51 (1): 103-123.

[26] Darius P. Miller. Why do Foreign Firms List in the United States?: An Empirical Analysis of the Depositary Receipt Market. Journal of Financial Economics, 1996, 51: 103-123.

[27] Dariusz Wójcik, Gordon L Clark, Rob Bauer. Corporate Governance and Cross-Listing: Evidence from European Companies. Working Paper, 2004.

[28] David C. Porter, Daniel G. Weaver. Tick Size and Market Quality. Financial Management, 1997, 26 (4): 5-26.

[29] Davide Lombardo, Marco Pagano. Law and Equity Markets: A Simple Model. Published in Corporate Governance Regimes: Convergence and Diversity Edited by Joe McCahery, Pieter Moerland, Theo Raaijmakers, Luc Renneboog. Oxford University Press, 2002: 343-362.

[30] Dobbs, Marc H. Goedhart. Why Cross-Listing Shares doesn't Create Value. The McKinsey Quarterly, 2008, Number 29, 18-23.

[31] Doidge, Craig, G. Andrew Karolyi, René M. Stulz. Why are Foreign Firms Listed in the U.S. Worth More? Journal of Financial Economics, 2004, 71: 205-238.

[32] Eun, Cheol S., Janakiramanan, S. A Model of International Asset Pricing with a Constraint on the Foreign Equity Ownership. Journal of Finance, 1986, 41 (4): 897-914.

［33］Fama, E., K. French. Size and Book-to-Market Factors in Earnings and Returns. The Journal of Finance, 1995, 50: 131-155.

［34］Fanto, James A., Roberta S. Karmel. A Report on the Attitudes of Foreign Companies Regarding a U.S. Listing. Stanford Journal of Law, Business, and Finance, 1997, 3: 37-58.

［35］Fischer Black. International Capital Market Equilibrium with Investment Barriers. Journal of Financial Economics, 1974, 4 (1): 337-352.

［36］G. Andrew Karolyi. Sourcing Equity Internationally with Depositary Receipt Offering: Two Exceptions that Prove the Rule. Journal of Applied Corporate Finance, 1998, 10: 90-99.

［37］G. Andrew Karolyi. The World of Cross-Listings and Cross-Listings of the World: Challenging Conventional Wisdom. Review of Finance, 2006, 10 (1): 99-152.

［38］G. Andrew Karolyi. Why do Companies List Shares Abroad?: A Survey of the Evidence and its Managerial Implications. Financial Markets, Institutions and Instruments, 1998, 7 (1): 1-60.

［39］Geert Bekaert, Campbell R. Harvey. Time-Varying World Market Integration. Journal of Finance, 1995, 50 (1): 403-444.

［40］G. Noronha, A. Sarin, S. Saudagaran. Testing for Liquidity Effects of International Dual Listings Using Intraday Data. Journal of Banking and Finance, 1996, 20 (6): 965-983.

［41］Gordon J. Alexander, Cheol S. Eun, S. Janakiramanan. Asset Pricing and Dual Listing on Foreign Capital Markets: A Note. The Journal of Finance, 1987, 42 (1): 151-158.

［42］Gordon J. Alexander, Cheol S. Eun, S. Janakiramanan. International Listings and Stock Returns: Some Empirical Evidence. The Journal of Financial and Quantitative Analysis, 1988, 23 (2): 135-151.

［43］Gregory B. Kadlec, John J. McConnell. The Effect of Market Segmentation and Illiquidity on Asset Prices: Evidence from Exchange Listings. The Journal of

Finance, 1994, 49 (2): 611–636.

[44] Hali J. Edison, Francis E. Warnock. U.S. Investors' Emerging Market Equity Portfolios: A Security-Level Analysis. Review of Economics and Statistics, 2004, 86 (3): 691–704.

[45] Hargis, K. ADRs in Emerging Equity Markets: Market Integration or Fragmentation. University of South Carolina Working Paper, 1997.

[46] Harold Demsetz. The Cost of Transacting. The Quarterly Journal of Economics, 1968, 82 (1): 33–53.

[47] Harris, L. E. Liquidity, Trading Rules and Electronic Trading Systems. New York University Salomon Center Monograph Series in Finance, Monograph, 1990, 4.

[48] Hee -Joon Ahn, Charles Q. Cao, Hyuk Choe. Decimalization and Competition among Stock Markets: Evidence from the Toronto Stock Exchange Cross-Listed Securities. Journal of Financial Markets, 1998, 1 (1): 51–87.

[49] Heibatollah Sami, Haiyan Zhou. The Economic Consequences of Increased Disclosure: Evidence from Cross Listings of Chinese Firms. Journal of International Financial Management and Accounting, 2008, 19 (1): 1–27.

[50] Henri Bergson. Time and Free Will: An Essay on the Immediate Data of Consciousness. Publisher: London, S. Sonnenschein & co., lim.; New York, The Macmillan co., 1910.

[51] Hietala, Pekka T. Asset Pricing in Partially Segmented Markets: Evidence from the Finnish Market. Journal of Finance, 1989, 44 (3): 697–718.

[52] H. Kent Baker, John R. Nofsinger, Daniel G. Weaver. International Cross-Listing and Visibility. The Journal of Financial and Quantitative Analysis, 2002, 37 (3): 495–521.

[53] Holger Daske. Economic Benefits of Adopting IFRS or USGAAP-Have the Expected Cost of Equity Capital Really Decreased? Journal of Business Finance and Accounting, 2006, 33 (3-4): 329–373.

[54] Hotchkiss, Edith S., Deon Strickland. Does Shareholder Composition

Matter? Evidence from the Market Reaction to Corporate Earnings. Journal of Finance, 2003, 58 (4): 1469-1498.

[55] Ian Domowitz, Jack Glen, Ananth Madhavan. International Cross-Listing and Order Flow Migration: Evidence from an Emerging Market. Journal of Finance, 1998, 53 (6): 2001-2027.

[56] Insup Lee. Dual Listings and Shareholders' Wealth: Evidence from U.K. and Japanese Firms. Journal of Business Finance and Accounting, 1992, 19: 243-252.

[57] Insup Lee. The Impact of Overseas Listings on Shareholder Wealth: The Case of The London and Toronto Stock Exchanges. Journal of Business Finance and Accounting, 1991, 18: 583-592.

[58] James A. Fanto. The Absence of Cross-Cultural Communication: SEC Mandatory Disclosure and Foreign Corporate Governance. Journal of International Law and Business, 1996, 17: 119-207.

[59] James A. Ohlson, Beate Juettner-Nauroth. Expected EPS and EPS Growth as Determinants of Value. Review of Accounting Studies, 2005, 10: 349-365.

[60] James A. Ohlson. Earnings, Book Values, and Dividends in Equity Valuation. Contemporary Accounting Research, 1995, 11 (2): 661-687.

[61] Jianping Mei, Jose Scheinkman, Wei Xiong. Speculative Trading and Stock Prices: Evidence from Chinese A-B Share Premia. 2005, New York University Finance Working Paper, FIN-03-017.

[62] Jeffrey Michael Bacidore. The Impact of Decimalization on Market Quality: An Empirical Investigation of the Toronto Stock Exchange. Journal of Financial Intermediation, 1997, 6 (2): 92-120.

[63] John C. Coffee, Jr. The Future as History: The Prospects for Global Convergence in Corporate Governance and its Implications. Northwestern University Law Review, 1999, 93: 641-708.

[64] John C. Coffee, Jr. Racing Towards the Top?: The Impact of Cross-listings and Stock Market Competition on International Corporate Governance.

Columbia Law Review, 2002, 102 (7): 1757–1831.

[65] John Doukas, Lorne N. Switzer. Common Stock Returns and International Listing Announcements: Conditional Tests of the Mild Segmentation Hypothesis. Journal of Banking and Finance, 2000, 24 (3): 471–501.

[66] John Fernald, John H. Rogers. Puzzles in the Chinese Stock Market. Review of Economics and Statistics, 2002, 84 (3): 416–432.

[67] John J. McConnell, Heidi J. Dybevik, David Haushalter, Erik Lie. A Survey of Evidence on Domestic and International Stock Exchange Listings with Implications for Markets and Managers. Pacific–Basin Finance Journal, 1996, 4 (4): 347–376.

[68] John R. Graham, Campbell R. Harvey. The Theory and Practice of Corporate Finance: Evidence from the Field. Journal of Financial Economics, 2001, 60: 187–243.

[69] John S. Howe, Kathryn Kelm. The Stock Price Impacts of Overseas Listings. Financial Management, 1987, 16 (3): 51–56.

[70] John S. Howe, Jeff Madura. The Impact of International Listings on Risk Implications for Capital Market Integration. Journal of Banking and Finance, 1990, 14 (6): 1133–1142.

[71] Katherine Smith, George Sofianos. The Impact of an NYSE Listing on the Global Trading of Non–U.S. Stocks. 1997, Working Paper 97–02, NYSE.

[72] Kees G. Koedijk, Clemens J.M. Kool, Peter C. Schotman, Mathijs A. van Dijk. The Cost of Capital in International Financial Markets: Local or Global? Journal of International Money and Finance, 2001, 21: 905–929.

[73] Kees G. Koedijk, Mathijs A. van Dijk. The Cost of Capital of Cross-Listed Firms. European Financial Management, 2004, 10 (3): 465–486.

[74] Kyle, Albert S. Continuous Auctions and Insider Trading. Econometrica, 1985, 53: 1315–1335.

[75] Laixiang Sun, Damian Tobin. International Listing as a Mechanism of Commitment to More Credible Corporate Governance Practices: The Case of the

Bank of China (Hong Kong). Corporate Governance: An International Review, 2005, 13 (1): 81 - 91.

[76] Larry E. Ribstein. Cross-Listing and Regulatory Competition. Review of Law and Economics, 2005, 1 (1): 97-148.

[77] Li Jiang, Steven Shuye Wang. Location of Trade, Ownership Restrictions, and Market Illiquidity: Examining Chinese A-and H-shares. Journal of Banking and Finance, 2004, 28 (6): 1273-1297.

[78] Lin Guo, Liang Tang. Cost of Capital and Liquidity of Cross-Listed Chinese Companies. Accepted for Financial Management Association, 2006, Salt Lake City. Available at http: //www.fma.org/slc/papers/crosslisting-guotang.pdf.

[79] Lintner, L. The Valuation of Risk Assets and the Selection of Risky Investments in Stock Portfolios and Capital Budgets. Review of Economics and Statistics, 1965, 47: 13-37.

[80] Luzi Hail, Christian Leuz. Cost of Capital Effects and Changes in Growth Expectations around U.S. Cross-Listings. Journal of Financial Economics, 2009, 93 (3): 428-454.

[81] Luzi Hail, Christian Leuz. International Differences in the Cost of Equity Capital: Do Legal Institutions and Securities Regulation Matter? Journal of Accounting Research, 2006, 44 (3): 485-531.

[82] MacNeil, Iain. Competition and Convergence in Corporate Regulation: The Case of Overseas Listed Companies. University of Aberdeen Working Paper, 2001, Available at SSRN: http: //ssrn.com/abstract=278508 or DOI: 10.2139/ssrn.278508.

[83] Marco Pagano. Trading and Asset Liquidity. Quarterly Journal of Economics, 1989, 104: 255-274.

[84] Mark H. Lang, Karl V. Lins, Darius P. Miller. ADRs, Analysts and Accuracy: Does Cross-Listing in the U.S. Improve a Firm's Information Environment and Increase Market Value? Journal of Accounting Research, 2003, 41 (2): 317-345.

[85] Mark H. Lang, Karl V. Lins, Darius P. Miller. Concentrated Control, Analyst Following and Valuation: Do Analysts Matter Most when Investors are Protected Least? Journal of Accounting Research, 2004, 42 (3): 589 – 623.

[86] Mark T. Bradshaw, Brian J. Bushee, Gregory S. Miller. Accounting Choice, Home Bias and U.S. Investment in Non-U.S. Firms. Journal of Accounting Research, 2004, 42 (5): 795–841.

[87] Mar P., Michael N Young. Corporate Governance in Transition Economies: A Case Study of Two Chinese Airlines. Journal of World Business, 2001, 36 (3): 280–302.

[88] Mehdi Sadeghi. Dual-Listing of Australian Shares on the New Zealand Stock Market. Paper Provided by Macquarie University, Department of Economics in its Series Research Papers with Number 0104, Available at http: //www.econ. mq.edu.au/research/2001/4–2001_May01.pdf.

[89] Merton H. Miller, Franco Modigliani. Some Estimates of the Cost of Capital to the Electric Utility Industry, 1954 –57. The American Economic Review, 1966, 56 (3): 333–391.

[90] Michael Halling, Marco Pagano, Otto Randl, Josef Zechner. Where is the Market? Evidence from Cross –Listings in the United States. Review of Financial Studies, 2008, 21 (2): 725–761.

[91] Michael R. King, Dan Segal. International Cross-Listing and the Bonding Hypothesis. Bank of Canada Working Paper, 2004, No. 2004–17

[92] Michael R. King, Dan Segal. The Long-Term Effects of Cross-Listing, Investor Recognition, and Ownership Structure on Valuation. Paper Provided by Bank of Canada in its Series Working Papers with Number 06–44, 2006, EFA 2007 Ljubljana Meetings Paper, Available at SSRN: http: //ssrn.com/abstract = 924585. Review of Financial Studies, RFS Advance Access Published online on May 13, 2008 , doi: 10.1093/rfs/hhn050.

[93] Michael R. King, Usha R. Mittoo. What Companies Need to Know About International Cross –Listing? Journal of Applied Corporate Finance, 2007, 19

(4): 10-24.

[94] Mittoo, Usha. Additional Evidence on Integration in the Canadian Stock Market. Journal of Finance, 1992, 47 (5): 2035-2054.

[95] Mossin, J. Equilibrium in a Capital Asset Market. Econometrics, 1966, 34 (4): 768-783.

[96] Narayanan Jayaraman, Kuldeep Shastri, Kishore Tandon. The Impact of International Cross Listings on Risk and Return: The Evidence from American Depository Receipts. Journal of Banking and Finance, 1993, 17 (1): 91-103.

[97] Ole-Kristian Hope, Tony Kang, Yoonseok Zang. Bonding to the Improved Disclosure Environment in the United States: Firms' Listing Choices and their Capital Market Consequences. 2005, University of Toronto Working Paper. Journal of Contemporary Accounting and Economics, 2007, 3 (1), Available at SSRN: http: //ssrn.com/abstract=948670.

[98] Oren Fuerst. A Theoretical Analysis of the Investor Protection Regulations Argument for Global Listing of Stocks. 1998, Yale University Working Paper.

[99] Oscar Varela, Sang H. Lee. The Combined Effects of International Listing on the Security Market Line and Systematic Risk for US Listings on The London and Tokyo Stock Exchanges. in International Financial Market Integration, S. Stansell (ed.), Blackwell Publishers, Cambridge MA, 1993, 367-388.

[100] Pagano, M., Roell, A.A., Zechner, J. The Geography of Equity Listing: Why do Companies List Abroad? Journal of Finance, 2002, 57 (6): 2651-2694.

[101] Pulatkonak, Melek, George Sofianos. The Distribution of Global Trading in NYSE-Listed Non- U.S. Stocks. 1999, Working Paper 99-03, NYSE.

[102] Qian Sun, Wilson H. Tong. The Effect of Market Segmentation on Stock Prices: The China Syndrome. Journal of Banking and Finance, 2000, 24 (12): 1875-1902.

[103] Rafael La Porta, Florencio Lopez-de-Silanes, Andrei Shleifer, Robert Vishny. Investor Protection and Corporate Governance. Journal of Financial Economics, 2000, 58 (1-2): 3-27.

[104] Rafael La Porta, Florencio Lopez-de-Silanes, Andrei Shleifer, Robert Vishny. Law and Finance. Journal of Political Economy, 1998, 106: 1113-1155.

[105] Rafael La Porta, Florencio Lopez-de-Silanes, Andrei Shleifer, Robert Vishny. Legal Determinants of External Finance. Journal of Finance, 1997, 52: 1131-1150.

[106] R. C. Stapleton, M. G. Subrahmanyam. Market Imperfections, Capital Market Equilibrium and Corporate Finance, Journal of Finance, 1977, 32: 307-319.

[107] Reese, W., M. Weisbach. Protection of Minority Shareholder Interests, Cross-Listings in the United States, and Subsequent Equity Offerings. Journal of Financial Economics, 2002, 66 (1): 65-104.

[108] René M. Stulz. A Model of International Asset Pricing. Journal of Financial Economics, 1981, 9 (4): 383-406.

[109] René M. Stulz. Globalization, Corporate Finance, and the Cost of Capital. Journal of Applied Corporate Finance, 1999, 12: 8-25.

[110] René M. Stulz. Globalization of Equity Markets and the Cost of Capital. Journal of Applied Corporate Finance, 1999, 12 (3): 1-12.

[111] René M. Stulz. On the Effects of Barriers to International Asset Pricing. Journal of Finance, 1981, 25: 783-794.

[112] René M. Stulz, Walter Wasserfallen. Foreign Equity Investment Restrictions, Capital Flight, and Shareholder Wealth Maximization: Theory and Evidence. Review of Financial Studies, 1995, 8 (4): 1019-1057.

[113] Richard Podpiera. International Cross-Listing: The Effects of Market Fragmentation and Information Flows. CERGE-EI Working Paper No. 173. 2001, Available at SSRN: http: //ssrn.com/abstract=273999.

[114] Robert C. Merton. A Simple Model of Capital Market Equilibrium with Incomplete Information. Journal of Finance, 1987, 42 (3): 483-510.

[115] Rothman, M. The International Dual-Listing of Stocks and Tests of Capital Market Segmentation. 1995, University of Chicago Working Paper.

[116] Salvatore Cantale. The Choice of a Foreign Market as a Signal. 1996, Tulane University Working Paper.

[117] Sanjiv Sabherwal. The U.S. Share of Trading in Cross-Listings: Evidence from Canadian Stocks. The Financial Review, 2007, 42 (1): 23- 51.

[118] Sarkissian S. and M.J. Schill. The Overseas Listing Decision: New Evidence of Proximity Preference. Review of Financial Studies, 2004, 17 (3): 769–809.

[119] Seha M. Tinic, Richard R. West. Marketability of Common Stocks in Canada and the U.S.: A Comparison of Agent Versus Dealer Dominated Markets. The Journal of Finance, 1974, 29 (3): 729–746.

[120] Sercu, P. A Generalization of the International Asset Pricing Model. Revue de l' Association Francaise de Finance, 1980, 1: 91–135.

[121] Sergei Sarkissian, Michael J. Schill. Are there Permanent Valuation Gains to Overseas Listing? Review of Financial Studies, 2009, 22 (1): 371–412.

[122] Sergei Sarkissian, Michael J. Schill. The Cost of Capital Effects of Overseas Listings: Market Sequencing and Selection. McGill University Working Paper, Canada, fisher.osu.edu, July 25, 2003.

[123] Sharpe, William F. Capital Asset Prices: A Theory of Market Equilibrium under Conditions of Risk. Journal of Finance, 1964, 19 (3): 425–442.

[124] Shmuel Baruch, G. Andrew Karolyi, Michael L. Lemmon. Multimarket Trading and Liquidity: Theory and Evidence. The Journal of Finance, 2007, 62 (5): 2169–2200.

[125] Siegel, J. Can Foreign Firms Bond themselves Effectively by Renting U.S. Securities Laws? Journal of Financial Economics, 2005, 75 (2): 319–359.

[126] Sie Ting Lau, David Diltz, Vincent Apilado. Valuation Effects of International Stock Exchange Listings. Journal of Banking and Finance. 1994, 18: 743–755.

[127] Stephen R. Foerster, G. Andrew Karolyi. International Listing of Stocks: The Case of Canada and the U.S. Journal of International Business Studies, 1993, 24 (40): 763–784.

[128] Stephen R. Foerster, G. Andrew Karolyi. Multimarket Trading and Liquidity: A Transaction Data Analysis of Canada –U.S. Interlistings. Journal of International Financial Markets, Institutions and Money, 1998, 8 (3–4): 393–412.

[129] Stephen R. Foerster, G. Andrew Karolyi. The Effects of Market Segmentation and Illiquidity on Asset Prices: Evidence from Foreign Stocks Listing in the U.S.. Dice Center for Research in Financial Economics Working Paper, No. 96–6, 1996, Available at SSRN: http: //ssrn.com/abstract=1006.

[130] Stephen R. Foerster, G. Andrew Karolyi. The Effects of Market Segmentation and Investor Recognition on Asset Prices: Evidence from Foreign Stocks Listing in the United States. The Journal of Finance, 1999, 54 (3): 981–1013.

[131] Stephen R. Foerster, G. Andrew Karolyi. The Long–Run Performance of Global Equity Offerings. The Journal of Financial and Quantitative Analysis, 2000, 35 (4): 499–528.

[132] Steven Huddart, John S. Hughes, Markus K. Brunnermeier. Disclosure Requirements and Stock Exchange Listing: Choice in an International Context. Journal of Accounting and Economics, 1999, 26 (1–3): 237–269.

[133] Sun, Q., W. Tong, Y. Wu. The Choice of Foreign Primary Listing: China's Share–Issue Privatization Experience. Institute for Financial and Accounting Studies, Xiamen University, 2006, Working Paper.

[134] Torabzadeh, K. W. Bertin, T. Zivney. Valuation Effects of International Listings. Global Finance Journal, 1992, 3: 159–170.

[135] Urias, M. The Impact of Security Cross–Listing on the Cost of Capital in Emerging Markets. 1994, Stanford University Working Paper.

[136] Urias, M. The Impact of ADR Programs on Emerging Stock Market Risk. 1996, Stanford University Working Paper.

[137] Usha R. Mittoo. Cross–Country Listing and Trading Volume: Evidence from the Toronto and Vancouver Stock Exchanges. Journal of International

Financial Management and Accounting, 1997, 8 (3): 147– 174.

[138] Usha R. Mittoo. Globalization and the Value of U.S. Listing: Revisiting Canadian Evidence. Journal of Banking and Finance, 2003, 27 (9): 1629–1661.

[139] Usha R. Mittoo. Managerial Perceptions of the Net Benefits of Foreign Listing: Canadian Evidence. Journal of International Financial Management and Accounting, 1992, 4: 40–62.

[140] Utama, Siddharta, William M. Cready. Institutional Ownership, Differential Predisclosure Precision and Trading At Announcement Dates. Journal of Accounting and Economics, 1997, 24 (2): 129–150.

[141] Vihang Errunza, Etienne Losq. International Asset Pricing under Mild Segmentation: Theory and Test. The Journal of Finance, 1985, 40 (1): 105–124.

[142] Vihang R. Errunza, Darius P. Miller. Valuation Effects of Seasoned Global Equity Offerings. Journal of Banking & Finance, 2003, 27: 1611–1623.

[143] Vihang R. Errunza, Darius P. Miller. Market Segmentation and the Cost of Capital in International Equity Markets. Journal of Financial and Quantitative Analysis, 2000, 35 (4): 577–600.

[144] Warren Bailey, G. Andrew Karolyi, Carolina Salva. The Economic Consequences of Increased Disclosure: Evidence from International Cross–Listings. Journal of Financial Economics, 2006, 81 (1): 175–213.

[145] Warren Bailey, Julapa Jagtiani. Foreign Ownership Restrictions and Stock Prices in the Thai Capital Market. Journal of Financial Economics, 1994, 36 (1): 57–87.

[146] Warren Bailey. Risk and Return on China's New Stock Markets: Some Preliminary Evidence. Pacific Basin Finance Journal, 1994, 22 (2): 243–260.

[147] Werner, I., A. Kleidon. U.S. and U.K. Trading of British Cross–Listed Stocks: An Intraday Analysis of Market Integration. Review of Financial Studies, 1996, 9: 619–664.

[148] William R. Gebhardt, Charles M. C. Lee, Bhaskaran Swaminathan. Toward an Implied Cost of Capital. Journal of Accounting Research, 2001, 39

（1）：135–176.

[149] World Federation of Exchanges，Annual Report and Statistics 2008.

[150] Yakov Amihud，Haim Mendelson. Asset Pricing and the Bid–Ask Spread. Journal of Financial Economics，1986，17（2）：223–249.

[151] 蔡卫光. 开放条件下的国际资产定价模型的解析与检验. 现代财经，2006，26（4）：60–63.

[152] 陈昀，王韬. 西方企业国际双重上市研究评介及其启示. 外国经济与管理，2006，28（6）：42–48.

[153] 崔远淼. 中国企业境外上市动机及影响因素分析. 投资研究，2004（5）：10–12.

[154] 韩德宗. A 股和 H 股市场软分割因素研究——兼论推出 QDII 的步骤和时机.商业经济与管理，2006，（3）：42–46.

[155] 蒋涛. 中国沪深股票市场流动性研究. 申银万国研究报告，深交所第四届会员研究成果一等奖，2001.

[156] 蒋玉娟. 中国企业境外上市问题研究——来自问题公司的启示，西南财经大学 2006 届硕士毕业论文.

[157] 李大伟，朱志军，陈金贤. H 股相对于 A 股的折让研究. 中国软科学，2004，（1）：37–42.

[158] 刘昕. 中国 A、H 股市场分割的根源分析. 南开管理评论，2004，7（5）：19–23.

[159] 刘研. 中国企业海外上市问题研究. 改革，1997，6：41.

[160] 罗飞飞. 境外上市对国有企业经营绩效影响的研究，对外经贸大学 2006 届博十毕业论文.

[161] 卢文莹. 跨境上市与公司治理相关性研究.上海证券交易所研究报告，2003.

[162] 潘越. 中国公司双重上市行为研究. 北京：北京大学出版社，2007.

[163] 上海证券交易所研究中心. 中国公司治理报告（2008）：上市公司透明度与信息披露.上海：复旦大学出版社，2008.

[164] 上证联合研究计划第三期课题报告. 境外上市企业国内融资机制研

究，2001.

[165] 沈红波. 企业海外上市的动因分析. 会计之友，2007，8（下）：62-63.

[166] 沈红波，廖理，廖冠民. 境外上市、投资者保护与企业溢价. 财贸经济，2008（9）：40-45.

[167] 沈红波. 市场分割、跨境上市与预期资本成本——来自 Ohlson-Juettner 模型的经验证据. 金融研究，2007（2）：146-155.

[168] 沈艺峰，肖珉，黄娟娟. 中小投资者法律保护与公司权益资本成本. 经济研究，2005（6）：115-124.

[169] 沈艺峰，许年行，杨熠. 我国中小投资者法律保护历史实践的实证检验. 经济研究，2004（9）：90-100.

[170] 宋琳. 资本成本缺位与我国资本市场功能缺陷. 厦门大学 2006 届博士论文.

[171] 汪平. 财务理论（修订版）. 北京：经济管理出版社，2008.

[172] 王维安，白娜. A 股与 H 股价格差异的实证研究. 华南金融研究，2004，（4）：31-39.

[173] 王化成，李志杰，孙健. 境外上市背景下治理机制对公司价值的影响——基于融资决策传导效应的研究. 会计研究，2008，7：65-72.

[174] 吴世农，潘越. 香港红筹股、H 股与内地股市的协整关系和引导关系研究. 管理学报，2005，（2）：190-199.

[175] 吴文锋，吴冲锋，芮萌. 提高信息披露质量真的能降低股权资本成本吗？ 经济学（季刊），2007（4）：1201-1216.

[176] 吴战篪. 解释与证据：基于估值理念差异下的 A 股与 H 股价差. 2007，（6）：16-23.

[177] 肖珉. 跨地上市与权益资本成本——来自含 H 股的 A 股公司的证据. 中国经济问题，2006（4）：62-70.

[178] 肖珉，沈艺峰. 跨地上市公司具有较低的权益资本成本吗？ 金融研究，2008（10）：93-103.

[179] 徐寿福. "双重上市"公司 A、H 股价格差异的因素研究. 证券市场

导报，2009（2）：54-60.

[180] 易宪榕，卢婷. 国内企业海外上市对中国资本市场的影响. 管理世界，2006，7：4 – 14 + 33 + 171.

[181] 朱小斌. 中国股票市场流动性理论与实证. 北京：中国物资出版社，2005.

[182] 朱武祥. 资本成本理念及其在企业财务决策中的应用. 投资研究，2000（1）.

[183] 曾颖，陆正飞. 信息披露质量与股权融资成本. 会计研究，2006（2）：69-91.

后　记

　　深夜，灯下，写下书稿的最后一个句号。转身看看身边熟睡的小女，不禁俯身亲吻她光滑幼嫩的脸蛋儿，这一刻，千言万语，哽在心头……

　　掩卷回眸，往事恍如昨。2008年的春天，我第一次独立申请课题，虽然只是北京市教委的面上项目，但在得知申报成功的那一刻，依然是兴奋不已。自那时起，我才开始尝试着省部级和国家级项目的申报。光阴荏苒，弹指一挥间！这个项目的研究即将结束，这本书是在我博士论文的基础上修订完成，作为这一项目的研究成果，也算是对自己这几年理财学科研与求学历程的一个总结，同时也是我未来学术道路的一个新起点。虽然有很多问题尚萦绕于我的脑海，有太多的遗憾尚留在书稿之中，或许这并不是什么坏事。天下之书读不尽，学问茫茫无尽期，自知尚有遗憾，才有继续前行的可能。

　　不足四岁的女儿时常对我唱起那首"感恩的心"。是的，常怀感恩之心，是我一贯信奉的道德准则。在此，首先要感谢我的导师汪平教授。2006年有幸投身先生门下，是我人生际遇中的一大亮点。从师三年，恩师前沿而国际化的学术视野、深厚而精髓的理论造诣、勤奋而严谨的治学风格，以及纵横而恣肆的文字功底，令我在钦佩之余亦是获益良多。长期以来，先生一直致力于资本成本领域的研究。本书的研究内容，正是先生研究方向的一个延伸。忆当年选题之初，曾有老师对我选题的难度深表担心，我也一度为此彷徨不安。先生一眼看破我的心思，鼓励我不要轻言放弃，坚定我继续研究的信心。此后，每逢写作过程中因思路枯竭而焦虑、困惑时，先生总会适时地出现在我面前指点迷津，激励我克服困难，继续前行。先生对我总是严格要求，他不辞辛劳，放弃宝贵的休息时间为我反复提出修改建议，促使我的研究质量不断提高。在此，我把最诚挚的感激首先献给恩师！

　　衷心感谢我的师母陈卫清老师，无论在学习上还是生活上，陈老师犹如慈母般对我嘘寒问暖，关心备至，她的无私帮助和悉心关怀让我领略到人间的温情。

　　尤其要感谢我的同事袁光华博士。在这一课题研究的关键时刻，袁博士在繁忙的工作之余主动伸出援助之手，给予我精心指导和无私帮助，为我理清思路、指点迷津。他不仅把我带进了实证研究的学术殿堂，而且还给了我不畏艰险的力量和追求真理的勇气。还要感谢师弟宋强强硕士，他不顾学业繁忙，帮助我完成了大量的数据整理工作。

　　在这里，还要特别感谢 Karolyi 教授。Karolyi 教授是国际财务理论界大家，在资本成本领域学术造诣颇深。我与他素昧平生，从未谋面，一次偶然的机会我不禁尝试就本书中的疑惑问题给他发了邮件，他在百忙之中为我提出宝贵的建议。在收到他回复的邮件时，我的内心有着一种莫名的感动。教授如此慷慨、不吝赐教，让我感受到真正的学术精神没有国界，也是这种学术精神激励我将交叉上市的资本成本效应这个课题继续深入研究下去。

　　感谢我的挚友、博士同门山东经济学院陈艳博士，在我最困难的时候她给予我坚定的信心和无私的帮助。

　　感谢首都经济贸易大学会计学院付磊教授、马元驹教授、顾奋玲教授、董力为教授、闫华红教授以及在百忙之中对我的项目提出宝贵的建议和意见的老师及同事们，同时感谢所有被引用文献的作者。

　　感谢我在山东的公婆，他们的支持和鼓励是我不断努力前进的巨大动力。感谢我的爱人王伟先生一直默默地支持我、理解我、包容我，并且本书中的不少思想与观点，是在与他的讨论、思维碰撞中获得。感谢我的爱女王婧瑜，虽然她尚不足四岁，但是她很体谅我，经常搂着我的脖子，用稚嫩的言语轻声对我说："妈妈，你忙吧！宝宝听话，妈妈忙完了，再带宝宝去坐旋转木马。"天下的母亲都知道年幼的女儿有多么依恋母亲，从女儿的话语中，我听出她有太多的不舍，有太多的期待，这也正是支撑我继续科研的精神力量。

　　最后，我要特别感谢我的父母，是他们赋予我顽强的生命并抚育我健康成长，他们为我担心、为我分忧并为我骄傲。在此不得不说的是我的父亲。

就在书稿即将完成之际，慈父突患急疾，虽全家人百计俱施，找遍权威专家诊治，但终未逃脱恶疾的折磨，从发现病情到去世仅仅 42 天！树欲静而风不止，子欲孝而亲不待！直到今天，我的心情仍然无法沉淀下来，每日都陷入深深的回忆当中。我深知，我必须尽快调整情绪，坚强地活着，通过努力去实现自己的梦想，以告慰父亲在天之灵。寸草有心，难报三春之晖。在此，祝愿天下所有的父母们身体健康。

　　北京的初冬，寒意侵人。在金黄的银杏叶纷纷飘落的季节里，写下上面这段文字，思绪也随之飘飘。我深深地知道，未来的学术之路仍然艰辛而漫长，但是我会坚持不懈，坚守一个读书人的思考、追求、操守与信仰，以一己之力回报社会。唯有如此，才是对上述诸君最好的报答。

邹　颖

2010 年 11 月 15 日